100%下ごしらえで

絶対失敗しない
定番料理

水島弘史

幻冬舎

はじめに

皆さん、こんにちは！　新刊をお届けします。

料理には、ひとつの方法を守っていればすべておいしくなるというウルトラＣはありません。個々の食材やどう料理を仕上げたいかなどによって、ベストの方法は異なります。切り方も「細胞をつぶす切り方」と「つぶさない切り方」の両方を使い分ける必要がありますし、火加減だって、「強火」が必要なこともあります。この本ではとくに、そういった細かな点についても解説を加え、手間を惜しまず、ほんのちょっとのことで驚くほどおいしくなる料理を紹介しています。基本を丁寧につくる。料理のバリエーションを広げる。そんなことも、意識しています。

レシピでは、定番をマスターしながらも、分量比率やつくり方を変えずに食材をチェンジしてつくるバリエーションも紹介しています。定番だけでなくバリエーションもつくっていただくことで、「料理の応用」のロジックも学んでいただきたいからです。例えばじゃがいもならイコール肉じゃがといった定番料理だけでなく、肉じゃがを利用したグラタンをつくることで、ひとつの材料をほかにどのように使うことができるのかというロジックも学ぶことができます。

また、余りやすくムダにしてしまうことも少なくない定番食材も、応用することで使いきることができます。つまり、気になったレシピだけを繰り返しつくるのではなく、バリエーションを意識して実践していただくことで、皆さんのスキルはさらに向上するということです。

基本がわかれば、次は応用です。基本を押さえて、さらに自分のつくりたいものがつくれるようになれば、料理の世界はもっと広がり、もっともっと楽しくなることでしょう。

水島弘史

本書の使い方

本書は、序章、第1章、第2章の３章構成となっており、
うち第1章と第2章がレシピパートとなっています。
ここでは、レシピパートの見方を説明します。

第１章

いつもの家庭料理をグンとおいしくする魔法のレシピ

一つひとつは、どこの家庭でも食卓にのぼる料理です。たったひと手間を惜しまずにつくることで、驚くほどおいしくなります。

つくり方

1 チキンライスをつくる。鶏肉は2㎝角に、玉ねぎ50gはみじん切りに、パプリカ、マッシュルーム、残りの玉ねぎ30gは1㎝角に切る。
2 鍋にみじん切りの玉ねぎとバターを入れて弱火で4分炒める。
3 米を加えてバターとなじませながら40秒炒める。
4 **A** を加えて混ぜたらタイムを加え、強火にして沸騰させ、対流させる。
5 蓋をして180℃に予熱したオーブンで17分焼いたらとり出してタイムをとり除き、ほぐす。
6 フライパンにサラダ油をひき、鶏肉の皮目を下にして弱い中火で焼く。半分くらい肉に火が通ったら反転し、一旦とり出す。
7 フライパンの油を除去し、角切りの玉ねぎ、パプリカ、マッシュルームを約8分炒める。
8 6の鶏肉、トマトペーストを加えて炒め、日本酒を加えてアルコールを飛ばす。トマト、バジルを加えて煮込んだら重量の1％の塩をする。
9 5のごはんを加えてよく混ぜ合わせて皿に盛る。
10 オムレツをつくる。ボウルに卵を割りほぐし、**B** を加えてよく混ぜる。
11 フライパンにバター半量を入れて強火にかけ、10の半量を入れる。ゴムべらで混ぜながら、表面がかたまり出したら火からおろし、フライパンの底を濡れ布巾に当てて冷ます。
12 形を整えたら9にのせて真ん中から切り開く。

Point!

チキンライスは、オーブンで焼いたバターライスを使うのがポイント。最初に炒めてから早い段階で沸騰させて米の表面を熱くしているので、パラッと仕上がります。

Point!

8で、水分がなくなるまでしっかり煮込むことで、チキンライスがベタつかずに仕上がります。

残念…

市販のケチャップでチキンライスをつくる

チキンライスといえば、ごはんにケチャップを混ぜるのが王道です。ところが市販のケチャップの塩分濃度は0.8％より高いものがほとんどです。そのため、卵の味が引き立たず、単なるケチャップ味のごはんになってしまいます。

一般的なケチャップオムライスは、塩分が過剰になるため、卵やチキンの味は消えてしまいます。

49

材料（2人分）調理器具：バターライスの鍋 直径15㎝　チキンライスのフライパン 直径18㎝　オムレツのフライパン 直径22㎝

チキンライス
- 鶏もも肉……120g
- 玉ねぎ(みじん切り用)……50g
- 玉ねぎ(1㎝角用)……30g
- パプリカ……50g
- マッシュルーム……40g
- 米……120g
- バター(食塩不使用)……20g
- A 水……100g
- A 日本酒……30g
- A 塩……2g
- A こしょう……適量
- タイム……1枝
- トマトペースト……15g
- 日本酒……60g
- トマト……200g
- バジル……1枝
- 塩……総重量の1％
- サラダ油……適量

オムレツ
- 卵……300g(約6個分)
- B 生クリーム……40g
- B 塩……2.8g
- B 砂糖……2g
- B こしょう……適量
- バター(食塩不使用)……40g

フレッシュトマトソース……19ページ参照

余熱を利用して仕上げる

トロトロ半熟

タンポポオムライス

残念…　アレンジ　+α

残念は「やってしまいがちな手抜きの結果」、アレンジは「水島先生によるアレンジレシピ」、＋αは「知っていると料理が楽しくなるミニ知識」。３種類のミニコラムで、目指せ料理上手！

Point!

一つひとつの工程には「理由」があります。この段階で、なぜ、そうするのか。ポイントと理由を丁寧に解説します。

第2章

身近な食材がいろんな料理に大変身♪

日常的に手に入るリーズナブルな食材でつくるレシピを、ひとつの食材につき3つご紹介しています。

料理上手を目指すには、まず、素材を知ることからはじめましょう。選び方やおすすめ調理方法、下準備の仕方なども網羅しています。

Change

違う食材に変えて同じ料理方法でつくれるものがある場合は、その食材を提示しています。

Point!

一つひとつの工程には「理由」があります。この段階で、なぜ、そうするのか。ポイントと理由を、丁寧に解説します。

memo

料理の名前の由来やちょっとした工夫、もっとおいしくなるコツなど、得する情報をまとめました。

100%下ごしらえで絶対失敗しない定番料理　目次

同じ大きさ
同じメーカー
重ねて収納

序章

知れば知るほど上達する！

おいしい料理をつくるコツ

料理をつくるには「材料を切る」「加熱する」「調味する」「盛りつける」といったさまざまな工程があります。そして各々の工程ですることには、科学的な根拠があるのです。一つひとつはとてもカンタン。さっそく実行してみましょう。

おいしい料理には**温度コントロール**が必須

慎重な温度コントロールがトロトロ半熟卵をつくる！

48ページで紹介する「トロトロ半熟　タンポポオムライス」は、なかなかいい料理の教材になります。オムライスと聞くと、よく食卓にのぼる家庭的な料理という印象を受けるかと思います。しかし、チキンライスとフレッシュトマトソースの塩分バランスや、卵の扱いなど、学ぶべきポイントはたくさんあります。

とくに、難しいのは卵です。タンポポオムライスは、ナイフを入れたときにトロッと流れ落ちる半熟卵が真髄です。この半熟卵は、実は強火でつくります。一気に熱を入れながら手早く攪拌《かくはん》し、表面がかたまりはじめたらすぐに火からおろします。

いいとこどりの合わせ技でいちばんおいしい仕上がりに

水島料理教室では、料理によってさまざまな温度を使い分けます。とくに、ゆっくりと温度を上げていき、火が通るか通らないかくらいのギリギリのところでコントロールする低温調理と弱火調理の「合わせ技」が好評です。おいしい料理には、温度コントロールが必須なのです。

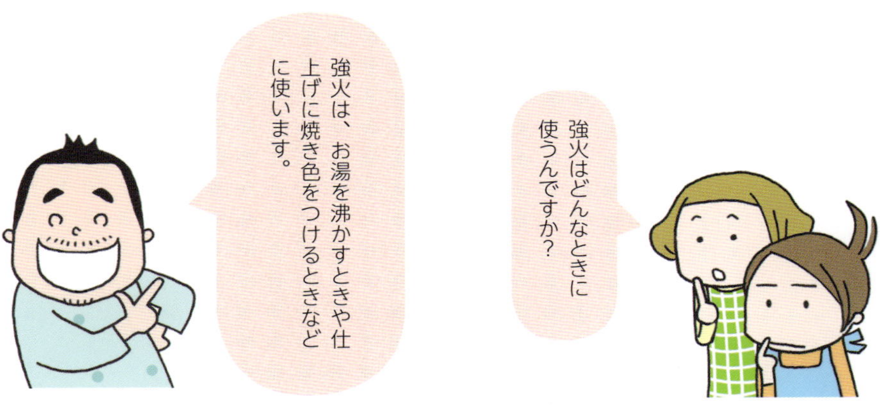
強火はどんなときに使うんですか？
強火は、お湯を沸かすときや仕上げに焼き色をつけるときなどに使います。

加熱速度をコントロールして土鍋でごはんを炊いてみよう！

1 米を研いで水とともに土鍋に入れる

米を水で研ぎ、米の重量の 1.2 倍程度の水とともに土鍋に入れて蓋をします。やわらかく炊きたい場合は、水を増やしたり、浸水させたりします。

2 強火にかけて10分前後で沸騰させる

沸騰までの温度の上昇時間によって炊き上がり方が異なります。強火で 10 分未満ならかために、10 分以上ならやわらかめに仕上がります。

3 沸騰している状態で2分加熱する

沸騰してふいている状態で 2 分加熱します。それ以上加熱すると、焦げる可能性があるので注意しましょう。このとき蓋はとりません。

4 10～15 分しっかり蒸らす

火を止めて、土鍋の蓋をとらずに10～15 分しっかり蒸らします。蒸らし時間が足りないと、米に芯が残ってしまうことがあります。

揚げる温度を使い分けて中はやわらかく、外はカリッと仕上げる

おいしそうな焼き色は高温にお任せ！

70ページの「ぷっくりサクサク☆カキフライ」のつくり方を見てください。フライパンに下準備を終えたカキを並べたら、冷たい油を注ぎ、弱い中火にかけます。下準備で中まで火が通っているので、揚げるときには焼き色がつけばOKです。

また、72ページの「バリバリ食べる　ジューシー春巻き」も、具材にはすでに火が通っているので皮がいい色に揚がれば成功です。

ところが揚げ物は、「熱い油で揚げる」という思い込みがあるようです。しかしそれだと、あらかじめ火を通していない食材の場合、「外は焦げているのに中は生」という状態を招きかねません。

揚げ物は中までしっかり火を通す

そこで、唐揚げやとんかつの場合、低温＋高温の合わせ技を使います。冷たい油に入れて弱い中火にかけ、120〜130℃で食材の中までしっかりと火を通したら、一度油から出します。再び油を熱し、170〜180℃でカラッと二度揚げして仕上げます。

フライパンの中の温度はどれくらいですか？
120℃程度の低温料理はじゅーっと静かな音がするだけ、160℃でパチパチいいはじめます。180℃になると油が外に飛び散りはじめるので、変化に注意してみてください。

理想の仕上がりを意識して加熱温度を使い分けよう

２段階の温度で仕上がりをコントロールする

とんかつや唐揚げなど、下ごしらえで食材に火を通さない料理は、冷たいフライパン、冷たい油からはじめます。フライパンに食材を置いて、食材が浸るくらいまでひたひたに油を注いだら、着火。中まで火が通ったら一度とり出し、今度は高温で油を熱し、再び食材を戻して、きれいな揚げ色をつけます。

そのまま食べられる具材はわざわざ火を通す必要なし！

73 ページのコラムで紹介した変わり春巻きですが、トマトもモッツアレラチーズも生ハムもバジルも、本来生で食べられる食材です。つまり、揚げることによって火を通さなくても大丈夫。春巻きの皮だけをきっちりと揚げます。最初から高めの 140℃に設定して、時間をかけずに仕上げましょう。

電子レンジの使いこなしは**しくみを知ること**からはじまる

急速に普及したキッチン家電 上手に使いこなして

電子レンジは、昭和30年代の中ごろから急速に普及したキッチン家電です。いまや、ない家庭のほうが珍しいのではないでしょうか。

メリットとデメリットを知っておこう

チンするだけ！　をうたった料理本もたくさん出ていて、お手軽さが魅力。温めるだけのごはんといった商品もあり、一人暮らしの強い味方です。水島料理教室ではあまり使いませんが、上手に使いこなすのはいいことかと思います。

電子レンジは、食材に含まれている水の分子にマイクロ波が当たることで振動を起こし、その摩擦熱によって食材の温度が上がるというしくみになっています。温度の上がり方が急激であるため、煮物などを素早く温め直すには便利で、最適です。

ただし、マイクロ波は水の分子にランダムに当たるため、食材の温まり方が不均一だったり急激に高温になったりします。そのため、食材の水分が必要以上に出てしまうなどのリスクがあります。

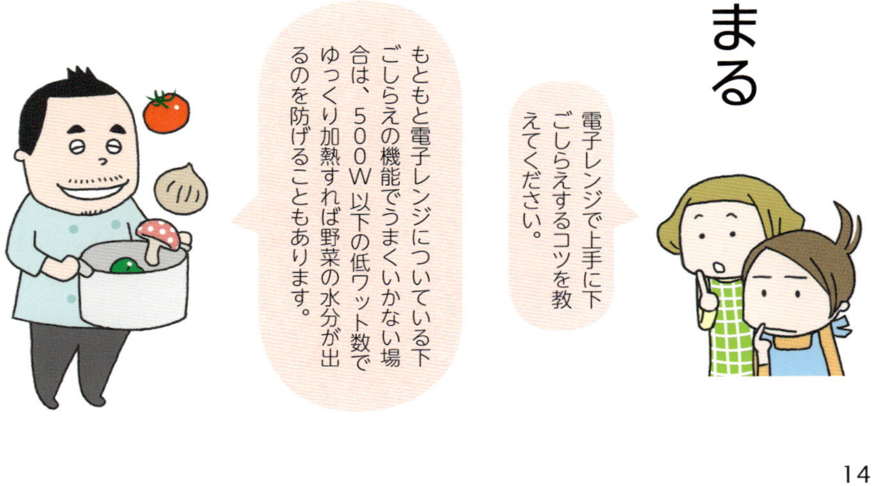
電子レンジで上手に下ごしらえするコツを教えてください。
もともと電子レンジについている下ごしらえの機能でうまくいかない場合は、５００Ｗ以下の低ワット数でゆっくり加熱すれば野菜の水分が出るのを防げることもあります。

電子レンジのしくみと便利な使い方

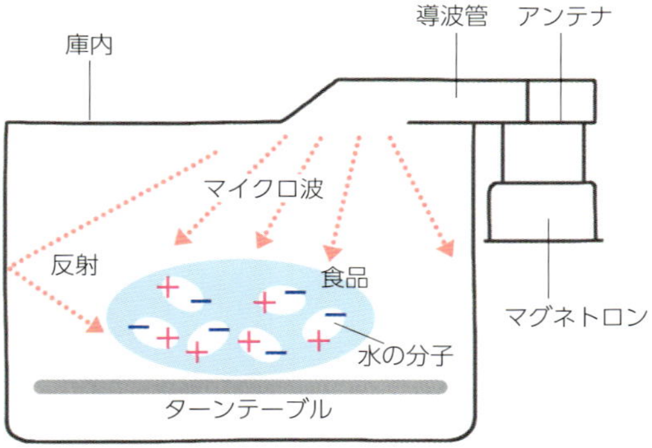

マイクロ波を吸収しやすい食器やラップを利用して

マイクロ波は、マグネトロンのアンテナから発振されます。導波管を経由して庫内に入り、食材へ直接照射、あるいは反射を繰り返します。すると、食材の中の水分が振動し、その摩擦熱によって温度が上がるというしくみになっています。金属器やアルミホイルを使うと、反射波が多く発生するため、故障につながることがあります。

目的ごとの加熱法を選びましょう

電子レンジ向けの商品も多数

水分が多く、すでに出来上がっている豚汁や煮物、コンビニエンスストアなどで売っているお弁当などの温め直しには、電子レンジは最適です。ワット数と時間を調整すれば、まんべんなく適温に温まります。最近では、「チンするだけ」の調理済み商品やごはんなども販売されており、手軽においしく食事ができるようになっています。

オーブンは中まで加熱する グリルは表面に焼き色をつける

時間はかかるけれど、食材のダメージが少ないオーブン

電子レンジ、グリル、オーブンなど、便利な調理家電はたくさんあります。使い分け方がわからないという声も多く、なかでもグリルとオーブンは似ているようで、しくみがまったく違います。

オーブンは、全方向からの熱で庫内を一定の温度に保ち、壁側からの輻射熱《ふくしゃねつ》とともに食材を加熱します。一定の温度で加熱するので、急激に熱が伝わって食材が縮んだり焦げたり、逆に半生だったりという失敗はしづらいですが、時間がかかります。火が通りづらいブロック肉や焼き菓子に最適で、均一に加熱できます。

直火焼きなどパリッと仕上げるグリル

一方、グリルは、一方向からの熱を食材に与えてその輻射熱で素材を加熱する直火焼きのことです。身近なところでは、バーベキューや魚焼きグリル、七輪焼き、焼き鳥などで、脂を落としながらパリッと香ばしく焼き上げるのが特徴です。熱源が強く、焦げ目がつきやすいことから、グラタンの仕上げなどにも使います。

mini column

料理の温め直しは何を使うのがベスト？

電子レンジ、オーブン、グリルなどの調理家電は、料理の温め直しにも便利です。向いているものといないものがあるので、上手に使い分けましょう。

電子レンジは食材の中の水分を温めることで、全体を加熱します。そのため、煮物やカレーなど、水分を多く含む料理の温め直しに最適です。

一方で、カラッと仕上げたい唐揚げやコロッケなどの揚げ物は、中まで均一に温めてくれるオーブンが適しています。

グリルは直火なので、焼き魚などの調理向きですが、ものによっては温め直しにも。とくに天ぷらを温め直すとサクッと仕上がります。

オーブンとグリルの加熱方式の違いを知る

一方向からの熱源で加熱するグリル

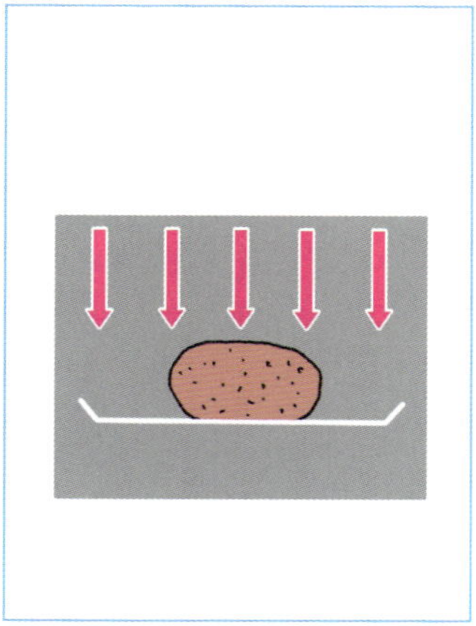

強い熱源で食材の一か所を加熱

魚焼きグリルは上から、焼き鳥やバーベキューは下からなど、一か所から直火で焼いて食材を一気に加熱します。

表面においしそうな焼き色をつけるのが得意

一方向から直火で加熱するグリルでの調理は、きれいに焼き色がつきます。グラタンやトーストが◎。

全方向から加熱するオーブン

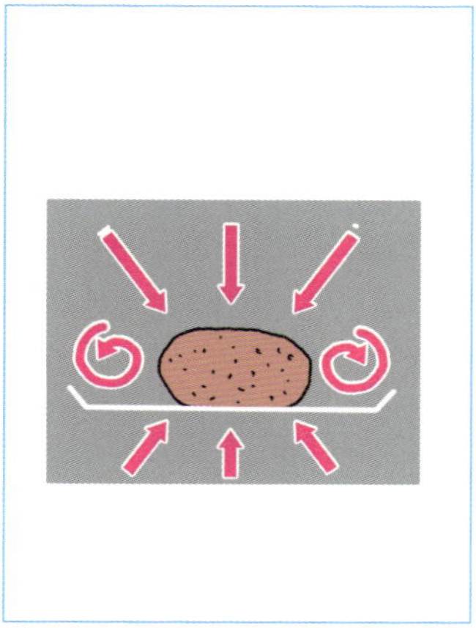

庫内の空気を温めて一定の温度にする

設定した温度まで庫内を温めて、温まった空気で食材を包み込むようにして全方向から加熱します。

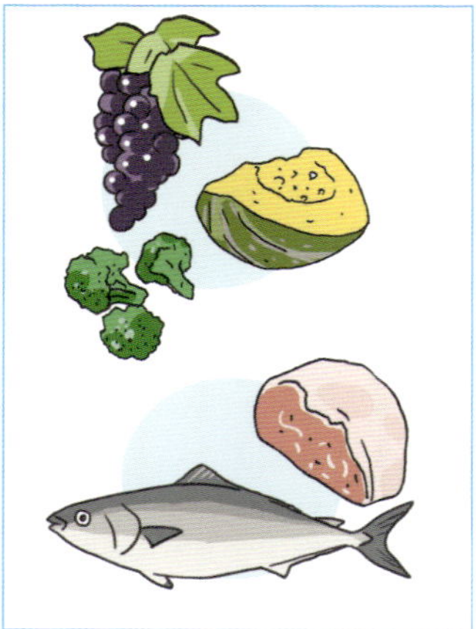

ブロック肉の料理や焼きフルーツ、野菜などに

素材がかたくならないように火を通します。肉の塊や丸ごとの魚、フルーツや野菜を焼くときなどに適しています。

オーブンとグリルでは得意分野が違います

加工調味料には頼らない

バランスのいい味つけを覚えよう

本能的においしいと感じる塩分量は0.8％

料理の味の決め手は、塩分量であるといっても過言ではありません。基本は食材の重量に対して0.8〜0.9％の塩です。これは人間の体液の塩分濃度と近いため、人が本能的においしいと感じる濃さなのです。

ところが市販の加工調味料の塩分量は、0.8％以上のものが大多数であるうえ、はっきりとはわからないものがほとんどです。物足りないときに味を足すには便利ですが、素材の味を引き立てることはできません。

食材とソースの塩分量を揃えると味のバランスが整う

例えば0.8％の塩分量でつくったオムライスに、市販のケチャップをかけたとします。すると、塩分量の多いケチャップ味ばかりを舌は感じてしまい、オムライスの本来の味はわからなくなってしまいます。

では、0.8％の塩分量に調整したフレッシュトマトソースをつくってオムライスにかけるとどうでしょう。同じ塩分量なので、トマトも卵の風味もどちらも感じられる、バランスのいい組み合わせになるのです。

mini column

だしを使っても減塩にはならない!?

塩分量の基本は食材の重量の0.8%ですが、例外もあります。それはうま味成分が強い食材に塩味をつける場合や、だしを使った料理の味を調える場合です。

だしを使って味噌汁をつくると、水でつくったときよりも多めに味噌を溶かないと、味が決まりません。これはだしが塩味を和らげてしまうからです。こういう場合は味噌を足すのではなく、塩を足してみてください。

トマトも、普通のトマトなら0.8%でおいしくなりますが、うま味が強い品種は1%程度とキツめに塩をふったほうがおいしく感じます。

だしやうま味は、塩味をボカしてしまうので、実は減塩にはならないのです。

ケチャップ代わりのフレッシュトマトソースに挑戦

1 野菜を切って下準備をする

玉ねぎ（40g）、マッシュルーム（20g）はみじん切りに、トマト（100g）は 1cm 程度の角切りにします。

2 バルサミコ酢を煮詰める

鍋にバルサミコ酢（30g）を入れて弱い中火にかけます。軽くとろみがつき、3 分の 1 程度の量になるまで煮詰めたら水（30g）を加えます。

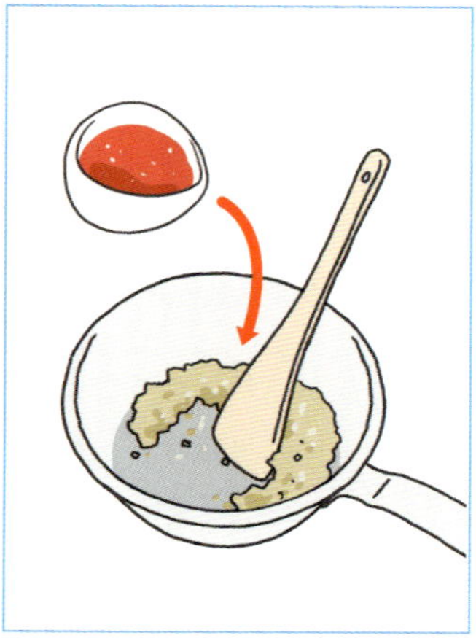

3 野菜を炒めてトマトペーストと混ぜる

別の鍋に 1 の玉ねぎ、マッシュルーム、オリーブオイル（15g）を入れて弱火で 5 分炒めたら、トマトペースト（20g）を加えて20 秒炒めます。

4 材料をすべて混ぜてミキサーにかける

3に 1 のトマト、2のバルサミコ酢、塩（2.2g）、砂糖（5g）、こしょう（適量）を加えて中火で 3 分煮たら、ミキサーに1分かけて完成。

それだけ食べてもおいしい！
素材一つひとつに味つけをする

一つひとつ手を抜かないのがおいしい料理の条件

料理をおいしく仕上げようと思ったら、一つひとつ手を抜かないことが大切です。「それだけ食べてもおいしい」「どこを食べてもおいしい」。これが、おいしい料理の鉄則です。

かぶだけ食べてもおいしい！絶品「かぶのそぼろあんかけ」

例えば、115ページで紹介する「かぶのそぼろあんかけ」などは、あんで味をつけると思っている人も少なくないのではないでしょうか。ですが、このレシピなら、かぶだけ食べてもおいしいはずです。これは、下茹での段階での厳密な塩分計算と切り方、そして食材の変化に留意した慎重な弱火調理の成果です。同時に、そぼろもしっかりと臭みを抜き、塩分量を基本に味の黄金比率（87ページ参照）を遵守したあんで仕上げています。

この本のレシピは、下ごしらえと一つひとつの工程に、絶対に手を抜きません。また、例外はありますが、塩は料理全体の重量に対して、基本的に0.8％。塩分量がまちまちだと、味にもムラが出てしまいます。

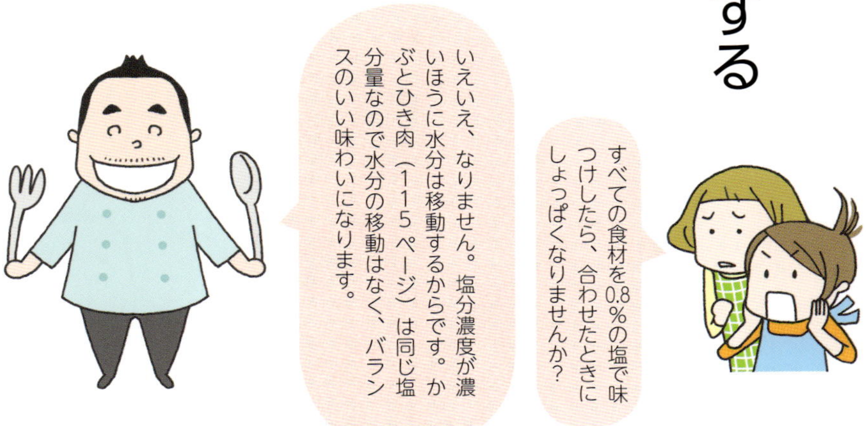

すべての食材を0.8％の塩で味つけしたら、合わせたときにしょっぱくなりませんか？
いえいえ、なりません。塩分濃度が濃いほうに水分は移動するからです。かぶとひき肉（115ページ）は同じ塩分量なので水分の移動はなく、バランスのいい味わいになります。

麺だけでも十分おいしい シンプルなペペロンチーノのつくり方

パスタ70gの分量です

1 1.5%の食塩水をつくって沸騰させる

パスタの袋には1%の食塩水と書いてあることも多いようですが、0.8%程度の塩味をつけるには1%では足りません。1.5%の食塩水を沸騰させます。

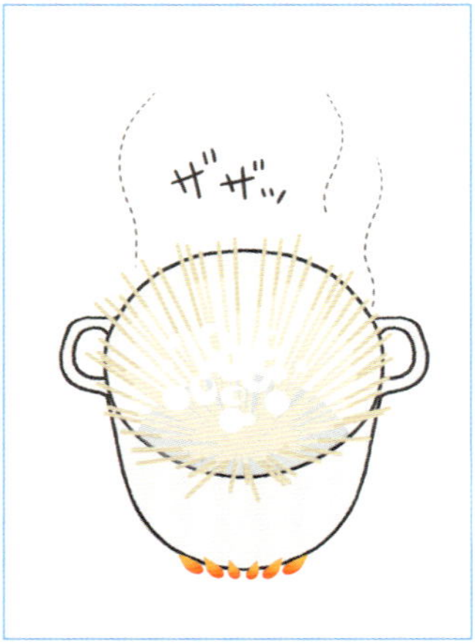

2 パスタを入れて表示時間通りに茹でる

茹でて水分が蒸発すると、塩分濃度は1.8～2%になり、パスタの表面にタンパク質の壁ができます。これによりコシのあるアルデンテに仕上がります。

3 にんにくと唐辛子をオリーブオイルで炒める

フライパンにオリーブオイル（20g）、にんにくのみじん切り（3g）、赤唐辛子の輪切り(1本分)を入れて弱火にかけ、軽く色づいたら火を止めます。

4 茹で上がったパスタとソースを和える

オリーブオイル（5g）とパセリのみじん切り（5g）とパスタを加えて強火にし、水分を蒸発させます。フライパンを揺すりオイルと水とを乳化させます。

加熱後の食材は仕上げによって処理方法を変える

加熱後は湯ぎりをする、水にさらす、急冷する

食材を加熱したあとの処理方法は、料理の仕上がり別に数種類あります。

湯ぎりをするだけの「陸《おか》上《あ》げ」、水にさらす「色止め」「アク抜き」、火の通りや食材の化学変化を止めるために冷蔵庫で冷やす「急冷」。ごくまれに、氷水に落とすこともあります。

どの方法を用いるかは、食材によってではなく、食感や見た目など、どのように料理を仕上げたいかによって決まります。

加熱による食材の変化を止めるか進めるかで処理を

「陸上げ」は、余熱が多少進んでいい場合や水にさらすことで風味を逃したくない食材、調味料などの味を含ませたい食材の場合に行います。

水にさらす「色止め」は、緑の野菜などの加熱による変色を防ぎます。また、ほうれん草やホワイトアスパラなどの「アク抜き」や、ブロッコリーの歯ごたえを残すときも水にさらすのは有効です。一気に冷ましたいとき、加熱をすぐに止めたい場合は、冷蔵庫を使って「急冷」します。

加熱後、氷で冷やすのはどんなときですか?
ごくまれにしか使いませんが、魚のコリッとした食感を残したいときです。急冷したいときははじめは水に落とし、粗熱がとれたら氷水に落とします。

加熱後の上手な処理方法を知ろう

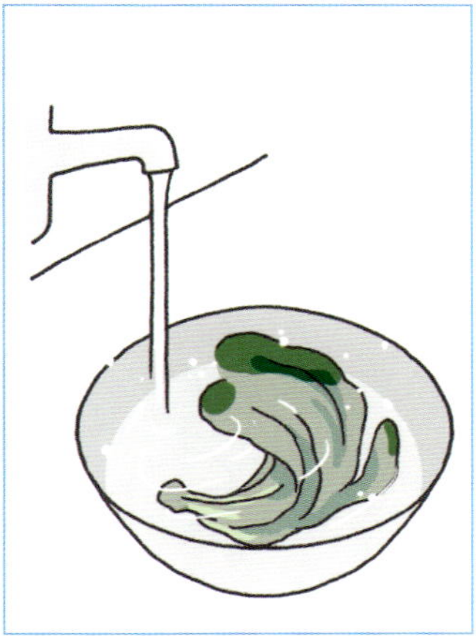

アクやえぐみが気になる野菜は水にさらす

ほうれん草や小松菜など、アクやえぐみが気になるようなら水にさらします。その後はしっかり絞って、水っぽくなるのを防ぎます。

茹でた食材を湯ぎりするだけの陸上げ

もやしやキャベツなどは、水にさらすと風味を逃してしまいます。なますにする場合も、味つけをするので陸上げが向いています。

短時間で温度を下げたいなら冷蔵庫へ

冷やして食べるのに向く食材は、うちわで扇いで粗熱をとってから、冷蔵庫で急冷します。

色止めは湯ぎりをしたらすぐに水にさらす

緑の野菜は加熱後、７～８分で変色がはじまります。きぬさや、スナップエンドウなどは、水にさらして色止めをし、粗熱がとれたらとり出します。

たったひと手間で確実においしくなる
食材の臭み抜き

常識といわれる臭み抜き法は根拠のないものが多い

　肉や魚の臭み、野菜の青臭さや辛みを抜く方法には、熱湯をかける、しょうがやねぎと一緒に加熱する、水にさらすなどがあるといわれています。ところが実は、これらの方法ではとれない臭みもあります。

　例えば、ブリに熱湯をかけて氷水にさらすと、熱湯で身がかたくなるだけで臭みはとれません。玉ねぎの辛みは水にさらすことである程度落ちますが、玉ねぎの中の臭みや辛みを完全にとるまでには至りません。

茹でる、食塩水に浸ける、油に移すのいずれかが正解

　食材の臭みを抜く方法は主に3つです。1つめは、高温でさっと茹でる方法。茹でることで、ピーマンやきゅうり、豆腐の臭みや玉ねぎの辛みなどを、食材の余分な水分と一緒に外へ出します。

　2つめは、油に臭いを移す方法で、ひき肉の臭み抜きに使います。

　3つめは食塩水に入れて加熱する方法です。食塩水の中に魚を入れて加熱することで、魚の中の臭みを抜き出します。

mini column

しょうがやねぎ、梅干しでも臭み抜きはできる？

　臭み抜きの一般的な方法として、しょうがや梅干し、ねぎの青い部分、セロリの葉などと一緒に加熱するのが有効だと広く信じられています。しかし、実はこれらの方法には科学的根拠がなく、「臭みを抜く」という目的の根本的な解決にはなっていません。

　では、これらと一緒に煮ると何ができるのでしょう。それは、マスキングです。つまり、臭みの原因を抜いているのではなく、食材の臭みよりも際立つ風味を覆いかぶせているだけなので、料理が冷えると、ふたたび臭いを感じてしまうことがあります。

ひき肉は油で 魚は食塩水で臭みを抜く

食塩水を使った 魚の臭み抜き方法

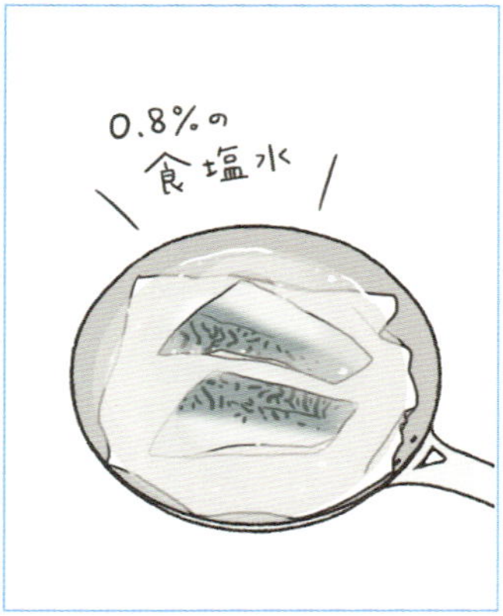

1 食塩水をつくって フライパンに入れる

フライパンか鍋に、魚がかくれる程度の0.8%の食塩水を入れます。魚の皮目を上にして弱火にかけて徐々に温度を上げていきます。

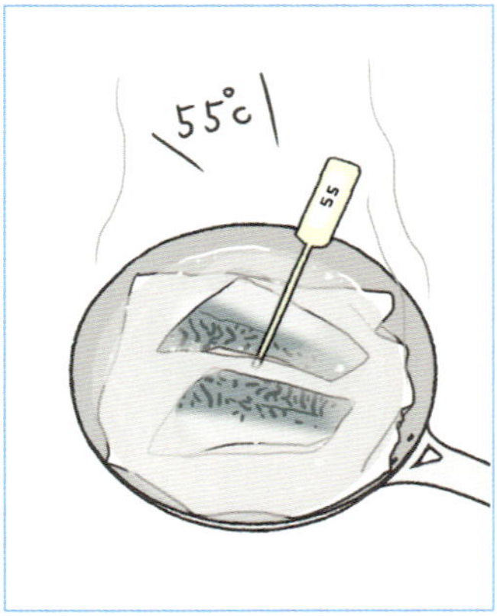

2 温度が上がったら 火を止めて数分おく

サバ、カレイは40℃、マグロ、ブリなら55℃まで温度が上がったら魚を裏返して火を止め、5分程度おけば臭み抜きができます。

オイルを使った ひき肉の臭み抜き方法

1 フライパンにひき肉と 油を入れて加熱する

フライパンにひき肉と、ひき肉が浸かるくらいのサラダ油を入れます。菜ばしでひき肉を混ぜてほぐしながら弱火にかけます。

2 オイルに臭みを移して 何度もクレンジングをする

サラダ油が白っぽく濁ってきたら一旦火を止めてザルに入れて油と水分をきります。これを2～3回繰り返すことで臭みが抜けます。

食材によって臭み抜き方法は違います

〝どっちでもいい〟はありえない
大は小を兼ねない調理器具

大きすぎる調理器具は器具内が高温になる

フライパンや鍋などの調理器具は、大は小を兼ねるとばかりに、大きいものを使ってしまいがちです。しかし調理に不適切なサイズの調理器具を使うと、失敗の原因になります。

大きすぎる調理器具を使って失敗する原因はふたつ。ひとつは調理器具に対して具材が少ない場合、フライパンの底に具材がない部分は高温になりすぎ、フライパン全体の温度も上がって、焦げやすくなります。

もうひとつは火口に対して、調理器具が大きくて炎が届いていない場合です。調理器具の中心部は高温、外側は低温と、食材の加熱具合にばらつきが出てしまいます。

調理器具の底が7〜8割かくれるくらいの具材が適量

鍋底やフライパンのサイズの目安は、具材の量で決まります。具材を全部入れたときに、底全体の7〜8割がかくれるくらいの大きさが適切。ガスの火口とのバランスも重要です。強火にしたとき、底の外周まで火が届かないようであれば、加熱が不均一になります。

扱いやすい小さな調理器具なら失敗しませんか?
調理器具が小さすぎて、具材が混ぜられない、あるいは重なってしまうようであれば、火の通りはアンバランスになってしまいます。

深すぎるパウンドケーキ型 大きすぎるフライパンで起こる惨事

深すぎるパウンドケーキ型で中は半生

パウンド型の場合、仮に容積から適切な分量を割り出したとしても、それだけではきれいには焼けません。断面積に比例して、焼く時間や温度が変わってくるからです。レシピに指定されているパウンド型とは違う高さのものを使用すると失敗する原因になります。

大きすぎるフライパンで起こる惨事

すべての食材に均一に火が通っていることがおいしさの基本。調理器具が大きすぎると、熱が強く当たる箇所ができ、かたくなったり、焦げたりする原因になります。食材が全部入ればOKというわけではありません。大きすぎるからこそ起きる失敗もあるのです。

いろはの〝い〟からはじまる 水島料理教室の**包丁の整え方**

包丁は研ぐ必要はない 整えるだけで十分

教室で使っている包丁は、実は7年も研いでいません。しかし肉が切れない、かぼちゃを切るのに力が必要などということは一度もありません。それは高級な包丁だからではなく、常に正しい方法で包丁の刃を整えて、正しいフォームで切りものをしているからなのです。

包丁のメンテナンスは、毎日使っている人でも月に1回程度、市販のシャープナーや研ぎ石で10回ほど刃先を整えれば十分です。

どんな食材もサクサク 切れる包丁は刃がまっすぐ

包丁を研ぐには熟練した技術が必要です。研ぎ方が間違っていれば、刃が変形したりゆがんだりしてかえって切りづらくなります。

理想の包丁は、まな板に置いたときに刃が浮かない、まっすぐな刃であることです。刃が曲がっていると、包丁と食材の接触面が小さくなり、大きな摩擦が起きることで食材へのダメージが大きくなります。その結果、水分が出たり切り口がつぶれたりしてしまうのです。

mini column

包丁研ぎは腕のいいプロにお任せ

包丁研ぎは、腕の確かなプロの仕事であれば、優に１年はもちます。これが、３か月も経たないうちに切れ味が変わってしまうようであれば、手入れの方法が間違っていると考えていいと思います。

まずは自分の包丁をチェックしてみましょう。まな板に置いたときに刃の浮きがなくまっすぐになっているか、刃は欠けていないか。研いでもらったあとも、チェックポイントは一緒です。

いい包丁は値段ではありません。きちんと整えてメンテナンスをしていれば、折れない限り、3000円台くらいのものでも一生ものになります。

切り方と同じくらい大切！
包丁の選び方と整え方

包丁の選び方のポイント

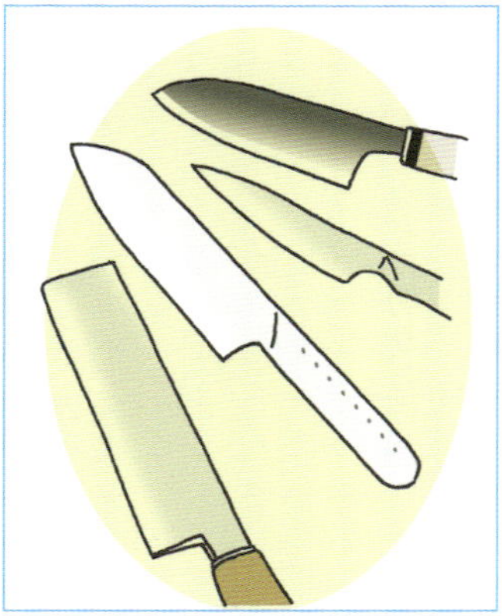

刃の素材、サイズをチェック

さびにくいステンレス製の刃で適度な重さがあるものがおすすめです。刃渡り 20〜22㎝くらいの万能包丁なら、1本でも、家庭料理では十分です。

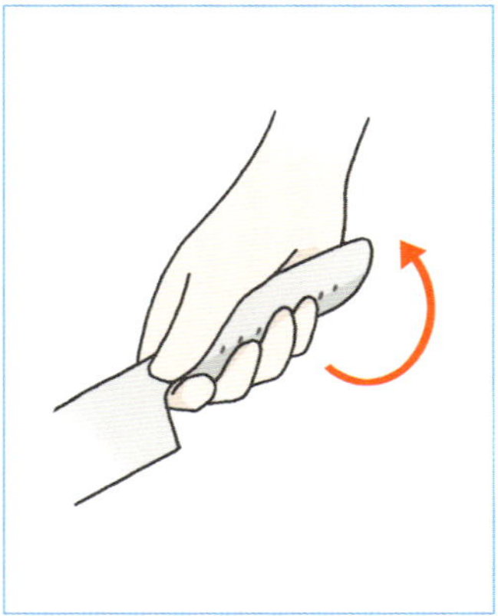

手なじみがいいかをチェック

柄を握って回しながら、手なじみのよさをチェック。包丁の刃の背である峰の部分は厚いと食材との摩擦が起こりやすいので、薄いものを選びます。

包丁の整え方のポイント

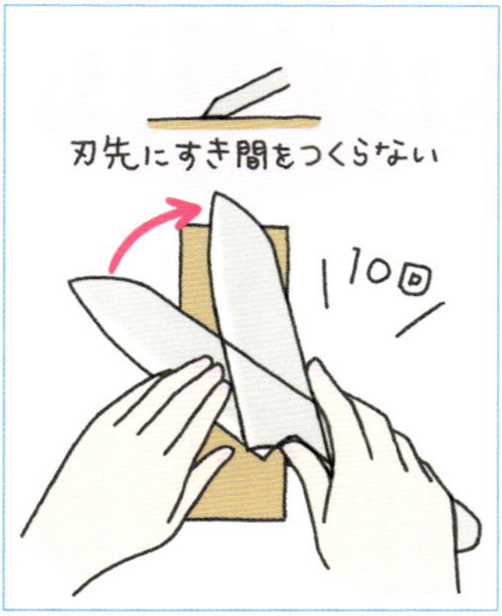

1 刃を研ぎ石にぴったりつける

研ぎ石と刃のあいだにすき間をつくらないように、両方を指でしっかり押さえます。少し右方向にカーブを描きながら、10 回、同じ方向に滑らせます。

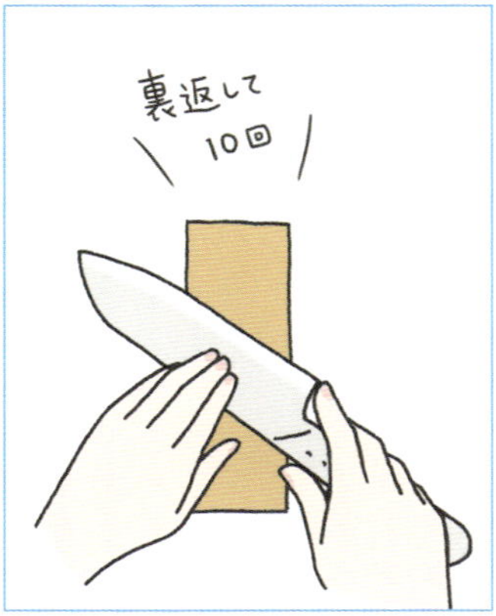

2 10 回ほど滑らせて刃を調整する

包丁を裏返して1と同じ要領で、研ぎ石に包丁を置いて指を添えます。刃のカーブに合わせて 10 回、前に向かって滑らせます。

食材の切り方と加熱の化学

上手に切れば味も決まる

香りを出す、粘りを出すときは食材の細胞をつぶして切る

料理の成否を分けるカギは、避けては通れない食材の切り方にあります。切り方には、細胞をつぶす方法と、つぶさない方法があります。

にんにくやハーブの香りを出したいとき、魚のつみれをつくる際に粘りを出したいときなどは、食材の細胞をつぶすように切ります。食材の真上から力を入れて包丁を押しつけるようにして切るのです。すると細胞が壊れて、食材の切り口から水分が出てきます。

細胞をつぶさない切り方は正しいフォームが重要

細胞をつぶさずに食材を切るためには、包丁の持ち方とフォームがもっとも重要です。

包丁は親指、人差し指、中指の3本で持ちます。調理台に対して体は45度斜めに、腕と包丁がまっすぐになるようにして立ち、まな板に対して30度の角度で食材に切り込みを入れます。刃先から指2本～中央あたりを使うように心がけ、必要以上に力を入れずに、素材のかたさに合わせた力で切ります。

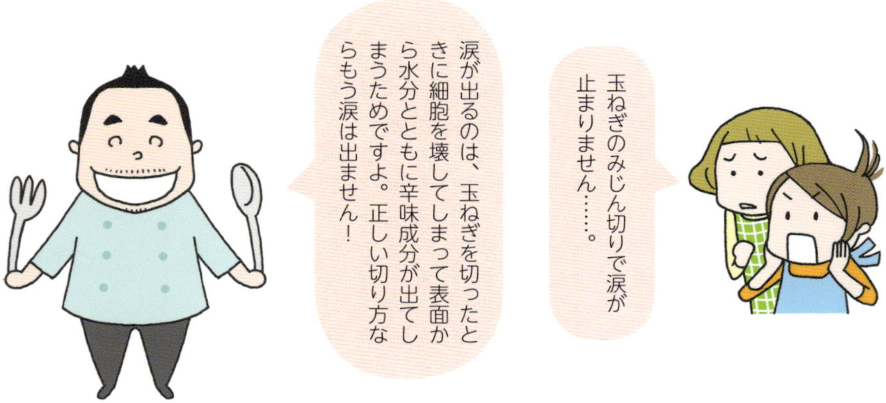
玉ねぎのみじん切りで涙が止まりません……。
涙が出るのは、玉ねぎを切ったときに細胞を壊してしまって表面から水分とともに辛味成分が出てしまうためですよ。正しい切り方ならもう涙は出ません！

これが水島流 〝切り方〟の解体新書

全体のフォーム

切りものは、包丁と手の動きだけで行うのではなく、体全体をコントロールすることが必要です。体の向きや角度、腕の位置など、基本のフォームを身につけましょう。

肩の力を抜く

包丁を持っている側に体を 45 度開いて立ち、肩は力を抜いて水平にします。

脇を軽くしめる

手首はやわらかく曲げて、脇をしめ、背筋を伸ばしてまっすぐに立ちます。

包丁と右腕はまっすぐに

正面から見て、ひじ、腕、包丁の峰をまっすぐにします。

手元の注意点

あまりガッチリと握りすぎないようにします。手首はやわらかく、指などにムダな力をかけずに、スッスッと切っていけるようになれば上級者です。

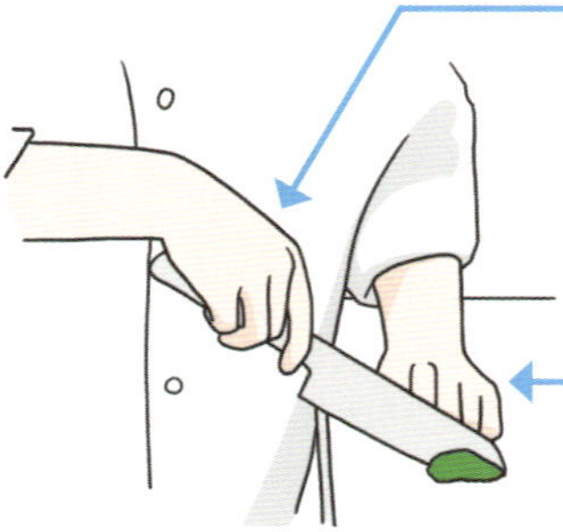

3 本の指を使う

親指と人差し指で柄の両側を軽く持ち、その下あたりに中指をひっかけて持ちます。

切る場所も大切

切るときは、刃先から指 2 本～中央までの「スイートスポット」を使います。

スポーツと同じくらい
フォームが重要です

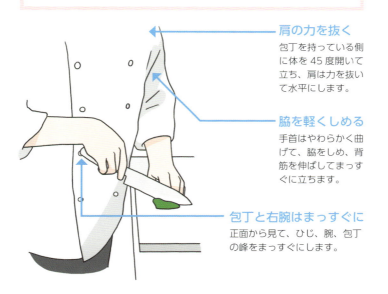

測る、計る、量る！

調味料や素材をどうはかる

食材、調味料の計量で味のすべてが決まる

水島流の調理では3つの「はかる」を徹底しています。

1つめは、素材と調味料の重量です。とくに重要なのが塩分量で、完成した料理の重量に対して、基本は0.8％。塩が決まれば、砂糖や酢などはレシピの分量と違っても、自分好みの味に仕上げることができます。

この本では塩分量を正確に出すために、大根3分の1本、じゃがいも1個、塩適量などという表記はしません。必ずどれもgで表記します。

時間と温度をはかれば思い通りの仕上がりに

2つめの加熱時間ですが、これはほかとは少々意味が異なります。ベストな加熱時間はカットの大きさや火力で変わるからです。レシピの加熱時間はあくまで目安で、タイマーを使います。できた料理は必ず食べて判断し、時間感覚を養いましょう。

3つめは加熱温度です。素材は温度によって刻々と変化していきます。魚の臭み抜き、揚げ物など、逃してはいけない温度がある料理はとくに、必ず湯温計を使います。

mini column

食材の計量はどの段階のもの？

調理の下準備、切りものをする際には、食べられない部分、食べてもおいしくない部分をとり除きます。野菜なら皮や種、ヘタ、魚なら内臓などが廃棄部分となります。厳密には、処理したものの重量×0.8（水分減少率）×0.8％が、正しい味つけということになります。

じゃがいもやにんじんは、皮をむく際にピーラーを使うか、包丁を使うかによっても正味量が変わってきます。ピーマンなら種だけでなく、白いワタの部分もとり除きます。そう考えると、皮をむいて、できれば切ったあとの状態で計量するのが、より正確であるということになります。

はかることを侮るなかれ！料理の失敗は計量ミスからはじまる

塩分計算のミスで味が調わない

材料の総重量がわからなければ、味の基本である塩の量が決まりません。下処理をして切りものをした材料を一つひとつ計量しましょう。一見面倒に思えますが、失敗がないため、味をリカバリーしたり、調理をやり直したりする必要がなく、安心です。

油の温度、加熱時間

重要なのは揚げ油の温度。中まで火を通すなら 80 ～ 120℃、色よく、油ぎれよく揚げるには 170 ～ 180℃です。火が通っているかどうかわからないときは芯温（素材の中心温度）をはかります。肉や魚は 55 ～ 65℃、野菜なら 65 ～ 75℃です。

はかる時間も必ず計算に入れて

大注目！おいしさをキープできるつくりおき料理

水分が少なく アレンジしやすい料理が便利

数日から1週間ストックできるつくりおき料理には、向き不向きがあります。向いているのは、水分が少なくてアレンジしやすいものです。

例えばひき肉のそぼろ。だしと合わせてあんかけに、ホワイトソースを加えてグラタンに、サラダのトッピングにとアレンジ方法はさまざま。

また、食材の細胞をつぶさずに切った野菜でつくるなますや炒め物は水分が出にくく、味が劣化しづらいのでつくりおきに向いています。

汁物、煮込みは 汁と具を分ける

一方、つくりおきに不向きなのは、スープや煮込み、煮物など水分の多い料理で、水分の多い葉野菜やトマトを使った料理も不向きです。食材の味が抜けやすく、劣化が早まってしまうからです。

大量につくりやすいこれらの料理をストックするにはひと手間必要です。煮物は食材に煮汁を煮含めて極力水分を少なくし、スープや煮込みはスープと具材を別々に保存することで影響し合うことを防げます。

カレーは何日もおくと本当においしくなりますか？
何日もおくと、野菜から出た水分が浮いてきて、味がどんどん落ちていきます。ストックすることを前提につくるのなら、具とルーを別々に保存しましょう。

ヘビロテ必至!!
洋風ひき肉そぼろのつくり方

1 ひき肉の臭み抜きをする

25ページの要領でひき肉（100g）の臭み抜きをします。鶏、豚、牛、合いびき肉のどれを使ってもOK。

2 玉ねぎを炒めて下ごしらえをする

玉ねぎ（30g）はみじん切りにします。フライパンに入れて弱火でしんなりするまで炒めたら、冷まします。

3 バルサミコ酢を煮詰める

鍋にバルサミコ酢（30g）を入れて、とろみがつくまで煮詰めたら水（10g）を加えます。

4 ひき肉、玉ねぎ、バルサミコ酢を煮詰める

3にひき肉と玉ねぎを加えて水分がなくなるまで煮詰め、塩（1g）、ナツメグ（1cc）、こしょう（適量）を混ぜる。

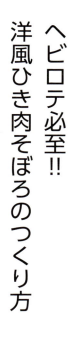

鮮度を保ってムダを出さない食材を**上手に保存**する

スーパーの陳列の環境に合わせて家庭でも保存を

食材の保存方法には常温保存、冷蔵保存、冷凍保存の3つがあり、ここでは常温保存と冷蔵保存のポイントを紹介します。常温か冷蔵かは、スーパーの陳列してある場所を参考にしてみてください。

常温保存に適しているのは、いも類やごぼう、にんじんなどの根菜類、乾燥した状態で保存したほうがいい玉ねぎやにんにく、温かい時期に育ち、冷蔵保存では冷えすぎるトマトやなす、ピーマンなどです。

冷蔵保存は葉野菜や加熱済みの野菜

冷蔵保存する食材は、スーパーで冷所に置かれているレタス、ほうれん草、セロリなどの葉野菜やもやし、オクラ、魚や肉です。野菜は温度変化に弱いので、買ったらすぐに冷蔵庫に入れることで傷みにくくします。

足の早いもやしや、下茹でが必要なきぬさや、アスパラ、さやいんげん、オクラなどは加熱してから冷蔵保存するのも手です。その際はしっかり水分をきって保存すれば腐敗を防ぐことができます。

mini column

余り食材をスープにして味のバリエーションを楽しむ

余った食材はスープにするのがおすすめです。食材をすべて同じくらいの大きさに切り、水から 20 分程度煮込んで 0.8%の塩で味つけします。

じゃがいもやにんじんなどはよく洗えば皮つきでもかまいません。野菜がメインですが、肉や魚、ベーコンなどを加えることで味わい深くなります。

お好みでナンプラーやしょう油、味噌を加えてもいいでしょう。塩味だけなら、香りづけにオリーブオイルやごま油などのオイル類が最適です。

また、バジルやタイム、ローリエなどのハーブ類やレモンなどを加えても、ちょっと変わった風味づけになります。

長もち食材の保存方法を知ろう

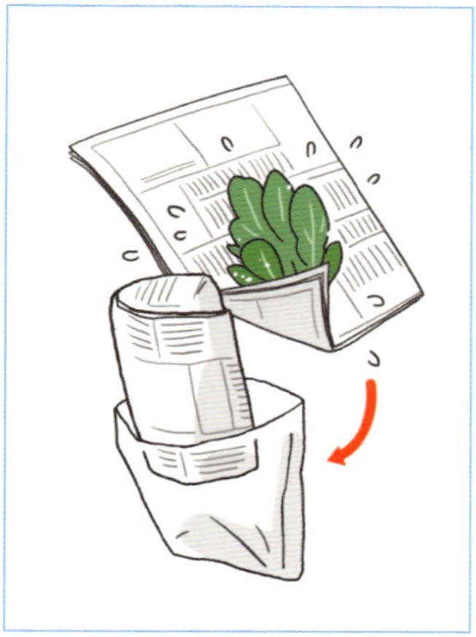

葉野菜は乾燥対策をして冷蔵庫へ

束ねてあるテープや傷んでいる葉があればとり除いて水で濡らします。新聞紙で葉野菜を包んで、水分が飛ばないようにポリ袋に入れて冷蔵庫で保存。

根菜類は泥つきのまま保存

いも類、ごぼう、にんじんなどの根菜類は常温保存で OK です。泥つきであれば泥を落とさずに、新聞紙に包んで光を遮断して冷暗所に保存します。

もやし、きぬさや、ブロッコリーは下茹でをして冷蔵庫へ

足が早いもやしや、下茹でが必要なきぬさや、ブロッコリー、アスパラなどは、買ってきたら加熱をしてから冷蔵保存しておくと、使うとき便利です。

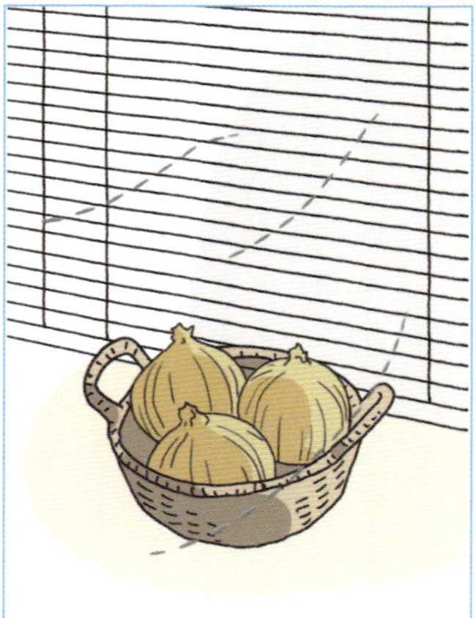

玉ねぎ、にんにくは風通しのいい場所に

湿度に弱い玉ねぎやにんにくは常温保存。野菜同士が重なり合わないよう、ネットやかごに入れて通気性を保って光の当たらないところで保存します。

保存法を間違えると傷みが早くなります

ガラス、ホーロー、プラスティック**保存容器**を使いこなそう

便利で安価なプラスティック容器

つくりおき料理に欠かせない保存容器には、プラスティック、ジッパーつきポリ袋、ガラス、ホーローの4種類があります。

プラスティックやポリ袋は安価で割れにくく、電子レンジにも入れられて使い勝手は抜群です。ただし酸や塩分、油分の多い料理を入れると臭いが残りやすく、着色しやすいのが欠点です。サラダや煮物には向いていますが、酢の物やカレーには臭いや着色が気になるので不向きです。

ガラスやホーローは臭いの心配がいらない

ガラスは酸や塩分に強いし、洗えば臭いが残りづらいのが最大のメリットです。種類も蓋つきと密閉できるものがあり、密閉できるものはジャムなど長期保存に向いています。

ホーローは直火にかけられるので、カレーやスープ類であればそのまま温めて食卓に出せます。

ただしどれもかさばるので収納場所に困ります。同じメーカーで揃え、容器と蓋を分けてそれぞれ重ねると省スペースになります。

ガラス瓶は煮沸が必要ですか？

ジャムのように長期保存をするときは、腐敗を防ぐために瓶を煮沸します。ジャムを瓶に入れたら、逆さにして熱湯に入れて空気を抜くと長期間もちます。

キッチンがすっきり片づく おすすめ保存容器

煮沸消毒で細かいカスをオフ

隅に残った食べものや調味料のカスなどは、洗ってもなかなか落ちません。そんなときは煮沸消毒がおすすめ。大きな鍋にぐらぐら沸かした湯に入れれば、2～3分できれいになります。

同じメーカー、同じ大きさのものを積み重ねて

保存容器はできれば同じメーカーのもので揃えて。蓋はとってまとめておき、同じ大きさのものを積み重ねておけばかさばりません。小さくて積み重ねられないものは大きな箱にゴロゴロと入れておきましょう。

清潔に保つ工夫を！

不快な臭いは重曹でオフ！

不快な臭いが残ってしまったら、食品用の重曹で重曹水をつくり、浸けておくといいでしょう。重曹には臭いを吸収する作用があります。乾いた重曹を入れてひと晩おいておくだけでも、すっきり無臭になります。

時短にも節約にも◎
食材別冷凍テクニック

腐敗や劣化は防げるけれど食材の細胞を壊しかねない

0℃以下の冷凍保存は、細菌類が繁殖しにくいため、食材の腐敗を抑えられます。そのため、常温や冷蔵保存より長期間保存が可能に。

しかし冷凍保存のリスクもあります。冷凍すると、食材の水分が凍るときに氷の結晶ができます。とくに凍る速度が遅いと結晶は大きくなり、細胞が破壊され、野菜からは水分が、肉や魚からはタンパク質の一種である赤い液体のドリップが出やすくなります。

小さなロットでできるだけ平らにして冷凍

冷凍保存のコツは、小さなサイズにして平らな状態で密閉することです。短時間で凍結することで氷の結晶が大きくなるのをできるだけ防ぎます。

冷凍保存向きなのは、肉や魚、湯がいたほうれん草や蒸したかぼちゃなどです。ただし、解凍するとドリップが出やすくなります。調理の際にはどうしても水が出ますが、凍ったまま調理をすることで、結果的に水の出を最小限に抑えられます。

mini column

冷凍するのに思わず迷ってしまう食材

食材を長期保存するためには冷凍が有効ですが、なかには向かない食材もあります。氷の結晶ができやすいひき肉や、臭いを吸収しやすい油揚げなどです。

といっても、絶対に冷凍できないというわけではありません。ひと手間加えれば冷凍保存できるばかりか、さっと使えて非常に便利です。

例えば、ひき肉なら結着させてハンバーグだねなどにして加熱しておきます。また、油揚げは表面積が広く表面に凹凸が多いため冷蔵庫の臭いを吸収してしまいがちですが、空気を抜いてラップに包み、さらにジッパーつきポリ袋などに入れておくことで解決できます。

洗って、湯通しして、切って……主な食材の冷凍方法

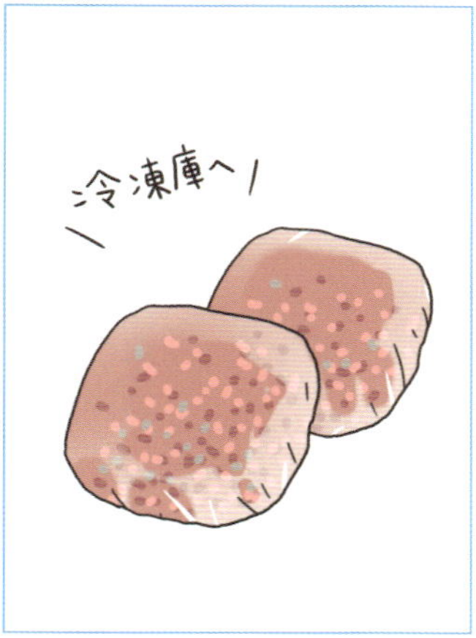

加熱調理をしておくと便利なひき肉

冷凍によって氷の結晶ができやすく、味が変わりやすいひき肉は、加熱調理をしておくのがおすすめです。ドリップや味の劣化を防げます。

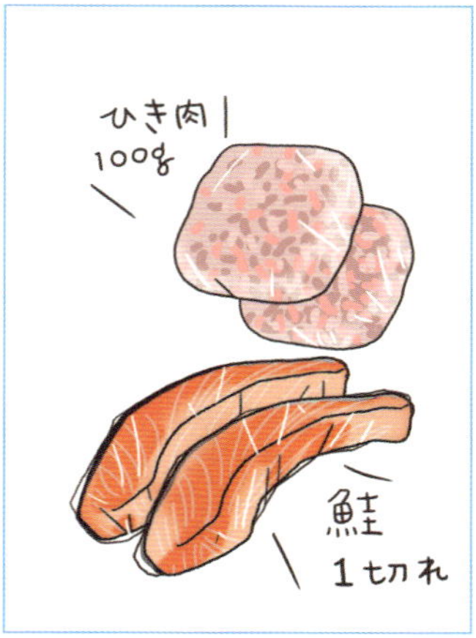

小さなロットで冷凍する肉・魚類

すぐに使わず冷凍する場合は、必ず小分けにして冷凍します。細切れ肉、スライス肉は平らにし、肉同士を密着させて氷の結晶をつくりづらくします。

足の早い葉野菜は湯がいて冷凍

冷蔵保存では傷みやすい葉野菜は、湯がいて水をきり、小分けにして冷凍。解凍せずに、味噌汁やスープ、パスタにポン！　と入れます。

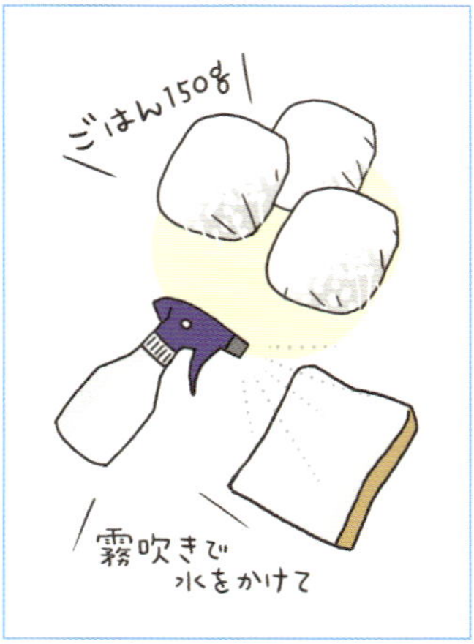

ラップで包んで臭いをブロックするパン、ごはん

ごはんは、１回分ごとに分けラップでしっかり包んで臭いをブロック。パンは霧吹きで水をかけて、ラップに包むことで焼いたときの乾燥を防ぎます。

使える状態にして保存しておけば、あとがラク！

column

フードプロセッサーとミキサーはどう違う？

最近の調理家電の進化には目を見張るばかりです。とくに電子レンジは１台で揚げる、炒める、煮込むなど何役もこなすものもあれば、食材さえ用意すれば自動調理できるものもあり、とにかく多才なのが特徴です。

調理には「食材を切る」「加熱する」「調味する」「仕上げる」という工程があります。ところが煮込み時間や焼き時間などは気にしても、案外時間がかかる「食材を切る」という工程を調理時間として考えていない人が多いようです。

そこで上手に使いたいのがフードプロセッサーとミキサーです。刻んだり混ぜたりするときに使うイメージですが、それぞれの用途は違います。

フードプロセッサーはモーターによって二枚の刃を回転させて食材をカッティングします。みじん切りからペースト状まで対応し、ムースなどの材料を混ぜたりするのにも使います。食材だけを入れて、水分を入れずに固形物を粉砕したり混ぜたりするのです。ただし仕上がりは粗いのでジュースやスープをつくるのには向いていません。

一方、ミキサーは十字形の大きな刃がついていて、食材を対流回転させながら細かく粉砕してキメを整えるので、スムージーやスープにすると口当たりがよくなります。食材だけでなく、水や牛乳などの水分を入れる必要があるので、必然的に仕上がりはドロドロした形状になります。本書ではスープやバジルソースをつくるのに使っています。

フードプロセッサーもミキサーも、ともに据え置きタイプとハンディタイプがあり、ハンディタイプは刃のアタッチメントを取り替えることでさらに可能になる作業も増えます。

第1章

そのひと手間を惜しまないで！

いつもの家庭料理をグンとおいしくする魔法のレシピ

メニュー一つひとつは、当たり前の家庭料理。でもちょっと待って、こんなにおいしかったっけ⁉「またあの親子丼が食べたい」「今夜はあの春巻きがいいな」。そういってもらえる絶品レシピ集。ヘビーローテーション必至です！

水島流

料理が驚くほどおいしくなる 調理の３原則

料理をおいしくするのは「切り方」「火加減」「塩加減」の３つの要素。すでにおなじみの理論ではありますが、もう一度おさらいしておきましょう。

３つの原則を押さえて 家庭料理をプロの味に

料理の成否を決めるのは、「食材の切り方」「火加減」「塩加減」の３原則。この３原則を理解して実行するだけで、いつもの家庭料理がプロの味になります。

順番に説明しましょう。正しい「食材の切り方」には、ふた通りあります。それは、細胞をつぶす切り方と、つぶさない切り方です。前者の切り方はにんにくやハーブなどの香りを出したいときに使い、それ以外は後者の切り方を使います。つまり、家庭料理の切りものの９割は、細胞をつぶさずに切るということです。

そのためには、切り口をなめらかに、中の水分を出さないように切らなければなりません。包丁を斜めに入れ、ストンと手首を落とすように、自然に切ります。上からトントンと押さえつけるような切り方はＮＧ。食材の断面から水分が出て、料理が水っぽくなったり食材がかたくなったりしてしまいます。

次に、「火加減」の原則。基本は弱火か弱い中火で十分です。ゆっくりと時間をかけて食材に火を通すことで、素材の変化をゆるやかにします。急激に温度が上昇すると、外は焦げてしまっているのに中は半生だったり、縮んでかたくなったりと、トラブルのもとになるからです。

３つめは「塩加減」の原則。基本は完成した料理の重量の0.8％。これは人間の体液の濃度と非常に近く、人間が本能的においしいと感じる塩分濃度なのです。

原則1 切り方

食材は、細胞をつぶさないように切ります。うま味や風味を損なわないだけでなく、煮崩れたり水分が出たりするのを防げるからです。

切りものは、包丁の持ち方と構えのフォームを大切に行いましょう。調理台に対して体を45度に構え、腕と包丁は一直線上に。包丁は親指、人差し指、中指の3本で持ち、まな板から30度の角度で食材を切っていきます。

↓P30参照

原則2 火加減

湯を沸かす、焼き色をつける以外の火加減は、弱火か弱い中火が正解です。

弱火は炎が鍋底につかない状態、弱い中火はぎりぎり炎が当たらないくらいの状態です。鍋の大きさや食材の量にもよりますが、弱火なら食材を入れて1分程度、弱い中火なら30秒程度で音がしはじめます。

弱火〜弱い中火を上手に使うことでマイナス変化も最小限に抑えられます。

↓P10参照

原則3 塩加減

調味料としての塩の役割は、味つけとともにうま味を引き出すこと。

人がもっともおいしいと感じる塩加減は、食材の重量の0.8%です。例えば鶏もも肉200gなら200g×0.008=1.6gがちょうどよい塩加減となります。

スケールは、0.1gから量れるものを用意しましょう。計量スプーンなら1cc=1gに換算できます。

↓P18参照

お米1粒ひと粒がおいしい！

パラッと仕上がる激ウマ
カニ炒飯

材料（1人分）　調理器具：フライパン直径 20㎝

ごはん（炊いたもの）……100g
　水……大さじ3～4
　サラダ油……小さじ2
カニのほぐし身……50g
卵……50～55g（約1個分）
長ねぎ……15g
グリーンピース（むき身）……20g
塩……1g
こしょう……適量
ごま油……2g

つくり方

1 卵はボウルに入れて菜ばしで溶きほぐす。長ねぎはみじん切りにする。
2 鍋に 1.5% の食塩水（分量外）を入れて火にかけ、沸騰したらグリーンピースを入れ、3 分茹でたら湯ぎりする。
3 ザルにごはんを入れて、水をまわしかけてスプーンでよくほぐす。さらにサラダ油をまわしかけ、ほぐしながら混ぜて余分な油を落とす。
4 フライパンに薄くサラダ油（分量外）をひき、1 の溶き卵を入れて弱火にかけたらゴムべらか木べらでゆっくり混ぜる。
5 卵がかたまってきたらはがすようにへらで混ぜ、卵が半熟まで火が通ったら 3 のごはんを加えて、ほぐすようにして上下を返しながら、弱火で 3 分、切るようにして混ぜながら炒める。
6 1 の長ねぎを加えてさらに 2 分、5 と同じ要領で炒める。
7 塩とカニのほぐし身、2 のグリーンピースを加えてさらに 3 分、5 と同じ要領で炒める。
8 中火にして 30 秒炒めたら、こしょうをする。
9 フライパンの中央にスペースをつくり、ごま油を加えてさっと絡めたら盛りつける。

Point!

炊きたてのごはんを使うのがポイントです。糊化したデンプンがくっついていないためほぐれやすく、1 粒ひと粒、均等に火が入ります。

Point!

ごはんに水と油をかけることで、ごはんの粘り気を切ります。ごはん粒同士がくっつかず、パラッと仕上がります。

残念……

冷やごはんと中華系調味料で炒飯をつくると……

冷やごはんは、冷えたことで粘り気が増しているので、ごはん粒同士がくっついてしまい、パラパラに仕上がりません。また、市販の調味料はすでに塩分が入っているので、それを考慮しないと濃い味になってしまいます。

ベタッとした濃い味の仕上がり。調味料の色が強いので、色みも不鮮明になります。

材料（2人分）調理器具：バターライスの鍋 直径15㎝　チキンライスのフライパン 直径18㎝　オムレツのフライパン 直径22㎝

チキンライス

- 鶏もも肉……120g
- 玉ねぎ（みじん切り用）…50g
- 玉ねぎ（1㎝角用）……30g
- パプリカ……50g
- マッシュルーム……40g
- 米……120g
- バター（食塩不使用）‥20g
- A
  - 水……100g
  - 日本酒……30g
  - 塩……2g
  - こしょう……適量
- タイム……1枝
- トマトペースト……15g
- 日本酒……60g
- トマト……200g
- バジル……1枝
- 塩……総重量の1％
- サラダ油……適量

オムレツ

- 卵……300g（約6個分）
- B
  - 生クリーム……40g
  - 塩……2.8g
  - 砂糖……2g
  - こしょう……適量
- バター（食塩不使用）……40g

フレッシュトマトソース

……19ページ参照

余熱を利用して仕上げる

トロトロ半熟
タンポポオムライス

つくり方

1 チキンライスをつくる。鶏肉は2㎝角に、玉ねぎ50gはみじん切りに、パプリカ、マッシュルーム、残りの玉ねぎ30gは1㎝角に切る。
2 鍋にみじん切りの玉ねぎとバターを入れて弱火で4分炒める。
3 米を加えてバターとなじませながら40秒炒める。
4 **A** を加えて混ぜたらタイムを加え、強火にして沸騰させ、対流させる。
5 蓋をして180℃に予熱したオーブンで17分焼いたらとり出してタイムをとり除き、ほぐす。
6 フライパンにサラダ油をひき、鶏肉の皮目を下にして弱い中火で焼く。半分くらい肉に火が通ったら反転し、一旦とり出す。
7 フライパンの油を除去し、角切りの玉ねぎ、パプリカ、マッシュルームを約8分炒める。
8 6の鶏肉、トマトペーストを加えて炒め、日本酒を加えてアルコールを飛ばす。トマト、バジルを加えて煮込んだら重量の1％の塩をする。
9 5のごはんを加えてよく混ぜ合わせて皿に盛る。
10 オムレツをつくる。ボウルに卵を割りほぐし、**B** を加えてよく混ぜる。
11 フライパンにバター半量を入れて強火にかけ、10の半量を入れる。ゴムべらで混ぜながら、表面がかたまり出したら火からおろし、フライパンの底を濡れ布巾に当てて冷ます。
12 形を整えたら9にのせて真ん中から切り開く。

Point!

チキンライスは、オーブンで焼いたバターライスを使うのがポイント。最初に炒めてから早い段階で沸騰させて米の表面を熱くしているので、パラッと仕上がります。

Point!

8で、水分がなくなるまでしっかり煮込むことで、チキンライスがベタつかずに仕上がります。

残念…

市販のケチャップでチキンライスをつくる

チキンライスといえば、ごはんにケチャップを混ぜるのが王道です。ところが市販のケチャップの塩分濃度は0.8％より高いものがほとんどです。そのため、卵の味が引き立たず、単なるケチャップ味のごはんになってしまいます。

一般的なケチャップオムライスは、塩分が過剰になるため、卵やチキンの味は消えてしまいます。

素材の味をしっかりと生かした

鮮やかに映える
親子丼

材料（2人分）調理器具：フライパン直径 20㎝

鶏もも肉	160g
玉ねぎ	60g
三つ葉	10g
卵	220〜240g（約5個分）
日本酒	40g
水	60g
塩	1g
しょう油	15g
砂糖	16g
ごはん	どんぶり2杯分

つくり方

1 鶏肉は小さめのひと口大に、玉ねぎは5㎜幅に切る。三つ葉は茎と葉に分けて、茎は2㎝の長さに切る。
2 鍋に鶏肉と鶏肉が浸かる程度の3％の食塩水（分量外）を入れて、弱火〜弱い中火に5分かけて70℃まで温度を上げる。
3 火を止めて5分おいたら、鶏肉をとり出してペーパータオルに上げて水気をきる。
4 鍋に玉ねぎが浸かる程度の水を入れ、沸騰したら玉ねぎを加えて2分湯通しをする。
5 湯ぎりしてペーパータオルに上げて水気をきる。
6 ボウルに卵を割り入れて、菜ばしで溶きほぐす。
7 フライパンに日本酒を入れて中火で1分ほど加熱し、アルコールを飛ばす。火を止めて水、塩、しょう油、砂糖、卵を加えて軽く混ぜ、鶏肉、玉ねぎ、三つ葉の茎を入れて再度弱い中火にかける。
8 ゴムべらでゆっくり混ぜながら、卵におおむね火が通ったら火を止め三つ葉の葉を入れて1分間蓋をする。
9 どんぶりにごはんを入れ、その上に8をのせたら完成。

Point!

鶏肉をやわらかく仕上げるコツは、食塩水で茹でることと、70℃までゆっくり時間をかけて温度を上げていくこと。縮んでかたくならずに、しっとりと仕上がります。

Point!

8で卵に火を入れるときは、ゴムべらで混ぜながらゆっくり火を入れます。火加減が強すぎると、卵はすぐにかたまって炒り卵になってしまいます。

残念…

めんつゆで具材を煮たカンタン親子丼の落とし穴

めんつゆで鶏肉と玉ねぎを煮て卵でとじれば、あっという間に親子丼もどきが出来上がります。しかし具材の火の入り方がまばらだったり、鶏肉がかたくなったり、玉ねぎの辛みが残ったりとせっかくの食材のおいしさが生かせません。

卵を加熱する温度が高いと、かたくなったり、すが入ったりします。

さいころ状に揃えて食べやすい

野菜たっぷり けんちん汁

材料（2人分）調理器具：鍋直径 20㎝

大根	30g
にんじん	30g
さつまいも	30g
ごぼう	20g
長ねぎ	10g
こんにゃく	40g
木綿豆腐	60g
昆布	5g
水	400g
日本酒	10g
ごま油	10g
塩	1g
砂糖	2g
しょう油	15g

つくり方

1 大根とにんじんは３～５㎜の厚さのいちょう切りに、さつまいもは7㎜～１㎝の厚さのいちょう切りに、こんにゃくは1.5㎝×5㎜の色紙切りにする。ごぼうはささがきにして水にさらす。ねぎは小口切りにする。豆腐はちぎる。昆布は水（分量外）に20分浸ける。

2 鍋に２㎝の高さまで水を入れて沸騰させ、大根、にんじん、さつまいも、ごぼうを入れ、沸騰させたまま２分茹でて、湯ぎりをする。

3 鍋に水を入れて沸騰させ、こんにゃくを３分茹でたら湯ぎりする。

4 鍋に**2**の野菜と**3**のこんにゃく、ごま油を入れて中火で炒めたら、水と酒、塩、砂糖、昆布を加える。

5 鍋肌から沸いてきたら昆布とアクをとり除き、弱い中火にして７～８分煮る。

6 豆腐、しょう油を加えて１分煮たら器に盛り、**1**のねぎを散らす。

Point!

2の野菜の下茹では、沸騰した状態で行います。急激に熱い湯の中に野菜を入れることで、野菜の表面の細胞を壊し、調味料をしみ込ませやすくするためです。

+α

豆腐は包丁で切らずにあえてちぎる

　けんちん汁や肉豆腐などに入れる豆腐は、包丁で切って断面を平らにするのではなく、あえてちぎることで表面積を大きくします。そうすることで、煮込み時間が短くても、野菜と同様に煮汁の味がしみ込みやすくなります。

ちぎった豆腐の断面を見てみると、凹凸があります。これが多いほど味がよくしみ込みます。

じゃがいもの切り方が決定打！

ほくほくじゅわ〜っ！
肉じゃが

材料（2人分）調理器具：フライパン直径 22㎝

牛薄切り肉		80g
じゃがいも（男爵）		270g
玉ねぎ		60g
きぬさや		6枚
A	水	150〜200g
	日本酒	20g
	塩	1g
	しょう油	15g
	砂糖	15g
サラダ油		小さじ2

つくり方

1 牛肉は4㎝程度に、じゃがいもは皮をむいてひと口大に、玉ねぎはくし形に切る。きぬさやは筋とヘタをとり除く。

2 鍋に1.5%の食塩水（分量外）を入れて沸騰させ、きぬさやを2分茹でる。冷水にとり粗熱をとって、斜め切りにする。

3 フライパンに牛肉とじゃがいも、玉ねぎ、これらがかぶる程度の0.8%の食塩水（分量外）を入れて、弱い中火で加熱する。

4 55℃になったら火を止めて、蓋をして5分おき、湯ぎりをして軽く流し、湯ですすいで水気をきる。

5 フライパンにサラダ油をひいて中火で温め、軽くうす煙が出てきたら、牛肉とじゃがいも、玉ねぎを同時に入れて、菜ばしで混ぜながら30秒程度、肉の赤みがなくなるまで炒める。

6 **A**を加えて落とし蓋をして、弱い中火で10〜15分、軽く煮立たせる。

7 じゃがいもに串が通るくらいやわらかくなり、煮汁が煮詰まったら、器に盛って、**2**のきぬさやを飾る。

Point!

じゃがいもは煮崩れを防止するために、0.8%の食塩水で茹でます。冷たい水から徐々に加熱して温度を上げていくことで、細胞壁にペクチンの架橋ができて、細胞が壊れにくい構造となります。そのため、表面に被膜ができたような状態になり、その後は強火で煮ても煮崩れしなくなるのです。

アレンジ

肉じゃがを グラタンにアレンジ

　フライパンに肉じゃがのじゃがいも（100g）と煮汁（30g）を入れて弱い中火にかけます。沸いてきたら生クリーム（50g）を加え、ひと煮立ちさせココットに入れます。溶けるチーズ（30g）をのせて180℃のオーブンで10分焼きます。

じゃがいもは食べやすいようにスプーンで軽くつぶします。仕上げにはお好みでパセリを散らします。

湯通しで崩れにくい

豆腐しっかり！
麻婆豆腐

材料（2人分）調理器具：フライパン直径 22㎝

木綿豆腐	320g（1丁）
合いびき肉	80g
長ねぎ	10g
しょうが	10g
にんにく	10g
豆板醤	8g
日本酒	30g
水	100g
塩	2g
しょう油	小さじ2
砂糖	10g
長ねぎ（飾り用　青い部分）	30g
水溶き片栗粉	
片栗粉	3g
水	6g
ごま油	10g
粉山椒	適量
サラダ油	適量

つくり方

1 豆腐は2㎝角に、ねぎとしょうが、にんにくはみじん切りに、飾り用のねぎは小口切りにする。

2 フライパンに豆腐と豆腐が浸る程度の水を入れて中火にかけ、90℃まで温度が上がったらザルに上げて水気をきる。

3 ひき肉は25ページの要領で臭み抜きをする。

4 フライパンにサラダ油をひき、豆板醤を入れて弱い中火にかけ、フツフツしてきたら弱火にして30秒ほど炒める。

5 1のねぎとしょうが、にんにくを加えて1分炒める。

6 日本酒を加え、加熱してアルコールを飛ばす。

7 水、塩、しょう油、砂糖、3のひき肉を加えて、中火で2～3分煮たら弱火にする。

8 豆腐を加え弱火で3分煮たら、火を止めて3～5分おく。

9 再度中火にかけ、フツフツしてきたら水溶き片栗粉を加え、ごま油、山椒で仕上げる。

10 器に盛り、ねぎを散らす。

Point!

ひき肉の臭みは油に移して抜きます。フライパンにひき肉とひき肉が浸る程度のサラダ油を入れ、ひき肉をほぐします。弱火にかけて油が白っぽくなったらザルに上げて油をきります。これを2～3回繰り返すと独特の臭みが抜けます。

+α

豆腐を湯通しして中の水を抜く

豆腐料理は水っぽくなったり、豆腐の臭みが残ったりすると台無しですが、事前に湯通しをするというひと手間で仕上がりが変わります。加熱しすぎると豆腐がかたくなってしまうので、90℃まで加熱して、豆腐の中の水とともに大豆特有の臭いを抜きます。

湯通しをして豆腐の中の余分な水分と臭みを一緒に出します。

ハーブの風味がしっかりと利いた

鶏もも肉の
香草パン粉焼き

材料（1人分）調理器具：フライパン直径 22㎝

鶏もも肉	100〜120g
塩	鶏肉の重量の0.8%
こしょう	適量
じゃがいも	70〜80g
塩	じゃがいもの焼き上がり重量の0.8%
こしょう	適量
にんにく	½かけ
A フレンチマスタード	4g
A はちみつ	1g
B パセリ	3g
B パン粉	6g
B オリーブオイル	4g
日本酒	20g
水	20g
バター（食塩不使用）	10g
サラダ油	適量

つくり方

1 じゃがいもは皮つきのまま 1㎝幅の輪切りに、**B** のパセリはみじん切りにする。

2 ボウルに **A** を入れて混ぜる。

3 別のボウルに **B** を入れて混ぜる。

4 鶏肉の両面に、重量の 0.8% の塩をまぶす。

5 フライパンにサラダ油をひき、鶏肉の皮目を下にして弱い中火で焼く。鶏肉から水が出て、パチパチと音がしはじめたら弱火にし、アクや余分な油、水などをペーパータオルでふき取る。

6 鶏肉の高さの 7 割まで焼けたら反転させ、余分な油はペーパータオルでふき取る。

7 日本酒を加えてアルコールを飛ばし、半量になるまで煮詰めたら水を加え、さらに半量になるまで煮詰める。

8 鶏肉をとり出してこしょうをふり、皮目に 2 をぬり、3 をのせてオーブントースターか魚焼きグリルで軽く表面に焼き色をつける。

9 別のフライパンににんにくとじゃがいも、これらが半分程度浸る高さまでサラダ油を入れ、弱火にかける。

10 にんにくはとり出す。じゃがいもに焼き色がついたら反転させ、中まで火が通ったらとり出して、両面に重量の 0.8% の塩とこしょうをする。

11 8 で鶏肉を焼いたフライパンに残った肉汁を軽く沸騰させてからバターを加えて乳化させる。

12 器にじゃがいもを盛り、11 のソースを流して鶏肉を盛りつける。

Point!

マスタードとはちみつを混ぜたものは鶏肉にパン粉をのせる際の接着剤代わりです。そのため、まんべんなく鶏肉にぬることが大切です。

Point!

パン粉にはパセリだけでなく、バジルやタイム、ミックスハーブなどのドライハーブを使ってもおいしく出来上がります。

アレンジ

サーモンを使って香草パン粉焼きをつくる

鶏肉をサーモン切り身（100 ～ 120g）に置き換えてつくります。基本的には鶏肉と同じつくり方で OK。焼くときも、皮目から焼くなど注意点も同じです。またサーモン以外にも、タイやスズキなどの白身魚なら同じ要領でつくれます。

香草はパセリではなく、タイムを使っています。

カリッとやわらか！
牛肉ステーキ

じっくりと火を通したあとは一瞬で仕上げる

材料（1人分）調理器具：赤ワインソースの鍋直径 15㎝　ステーキのフライパン直径 18㎝

牛フィレ肉……200g前後/1人
- 塩……牛肉の重量の0.8%
- こしょう……適量

サラダ油……5g

赤ワインソース（2人分）
- 赤ワイン……50g
- はちみつ……80g
- 塩……0.8g
- バター(食塩不使用)……10g
- こしょう……適量

ほうれん草のソテー（2人分）
- ほうれん草……60g
- にんにく……1かけ
- バター(食塩不使用)……10g
- 塩……0.4g
- こしょう……適量

にんじんのグラッセ（2人分）
- にんじん……30g
  - 塩……にんじんの重量の0.8%
  - 砂糖……塩の5倍
  - タイム……1枝

ヤングコーン……2本

つくり方

1 赤ワインソースをつくる。鍋に赤ワインとはちみつ、塩を入れて中火で煮詰める。とろみがついたらバターを加えて乳化させ、こしょうをふる。

2 ほうれん草のソテーをつくる。ほうれん草は5㎝の長さに切る。にんにくはたたいて軽くつぶし、フォークを突き刺しておく。

3 フライパンにバターと2のにんにくを入れて弱い中火にかける。バターが溶けはじめたらほうれん草を加えて塩をして、2のフォークで刺したにんにくで混ぜながら炒め、しんなりしたら火を止めてこしょうをふる。

4 にんじんのグラッセをつくる。にんじんは2～3㎜の厚さのいちょう切りにする。

5 鍋に水を入れて沸騰させ、にんじんを茹でたら湯ぎりをする。塩、砂糖をふり、タイムで和える。

6 別の鍋に1.5%の食塩水（分量外）を沸かし、ヤングコーンを2分茹でて湯ぎりをする。

7 ステーキを焼く。肉の重量をはかり97%の重量を算出しておく。表面全体に薄くサラダ油をぬる。

8 バットに網を置きその上に牛肉をのせ130℃のオーブンで灰色になるまで約10分、反転させて5分焼いて重量が97%になったらとり出して塩をふる。

9 フライパンを強火で熱して牛肉を30～40秒焼いて焼き色をつけたらこしょうをふって再度網にのせて、ボウルをかぶせて保温する。

10 皿に9の牛肉、3のほうれん草、5のにんじん、6のヤングコーンを盛り、1の赤ワインソースをかける。

Point!

肉を焼くときはふたつの温度を使い分けます。8では130℃の低温のオーブンで肉の中まで火を通すことで、縮んだりかたくなったりするのを防ぎます。仕上げは180℃程度に熱したフライパンでさっと焼き目をつけます。

アレンジ

ガストリックソースでステーキに変化をつける

フライパンにはちみつ（10g）を入れて弱火で加熱し、赤ワインビネガー（5g）を加えてアルコールを飛ばします。塩（0.5g）、こしょう（適量）を加えて火を止めます。生クリーム（5g）を加えてよく混ぜたら、ステーキにかけます。

甘さと酸味の絶妙なバランスで、ステーキを味わい深くしてくれるソースです。

材料（2人分）調理器具：フライパン直径20㎝　鍋直径18㎝

豚バラ肉……450g
（幅5㎝、長さ12㎝程度の塊肉220g
くらいが1人分の目安）
サラダ油……適量

A
- しょうが（スライス）……1枚
- 長ねぎ……8㎝
- 鷹の爪……1本
- 日本酒……60g
- 水……肉の高さの1.5倍の量

B
- しょうが（スライス）……1枚
- しょう油
  ……（豚肉の重量+煮汁60g）×1.2%×5
- 砂糖
  ……（豚肉の重量+煮汁60g）×1.2%×3
- 日本酒……100g
- 上新粉……4g

白髪ねぎ（飾り用）……5g
針ゆず（飾り用）……5g
からし（お好みで）……適量

下焼きをしっかりと!

ほろほろほどける
豚の角煮

つくり方

1 **A** のしょうがは軽くたたき、鷹の爪は種をとり除く。**B** の上新粉は水（分量外）で溶いておく。
2 豚肉全体にサラダ油をぬる。脂身を下にしてバットにのせ、110℃に予熱したオーブンで 45 ～ 60 分焼く。
3 オーブンからとり出して半分に切る。
4 フライパンに豚肉と豚肉が浸る程度のサラダ油を入れて弱い中火にかける。サラダ油が 110 ～ 115℃の、ポコポコ音がしている状態の中で、豚肉を反転させながら、20 分加熱して油抜きをする。
5 豚肉をとり出して湯で表面をさっと洗い、鍋に **A** とともに入れて強火にかける。沸騰してきたら中火にし、落とし蓋をして軽くポコポコとしている状態で 60 分下茹でする。
6 水が蒸発して豚肉が水面に出てきたら水を足す。
7 茹で上がったら豚肉をとり出し、煮汁を 60g 残して水気をきり、豚肉を計量する。
8 7 の鍋に豚肉と **B** を入れて強火にかける。沸いてきたら弱火にし、落とし蓋をして 60 分、やわらかくなるまで煮る。豚肉が水面から出てきたときは湯を足す。
9 豚肉がやわらかくなったら煮汁を煮詰める。
10 皿に豚肉を盛りつけて白髪ねぎと針ゆずを飾り、お好みでからしを添える。

Point!

2 で 110℃のオーブンで豚肉を焼くのは、ゆっくりと火を通すためです。オーブン内は 110℃ですが、赤身肉の中心温度は 50 ～ 55℃。この温度は、豚肉が縮むのを最小限に留めて肉を加熱できる温度です。

Point!

オーブンで豚肉を焼いたあとに、たっぷりの油で煮るのは、豚肉の脂身の部分の臭みと余分な脂を抜くためです。脂身が必ず油に浸かっていることが重要です。

残念…

豚肉を切ってから焼いて角煮をつくる

角煮は、ひと口大に豚肉を切ってフライパンで焼いてから煮込んでつくる方法もあります。しかしフライパンで焼くと高温になりやすく、肉が縮んだりかたくなったりするリスクも。一定の温度で加熱するオーブンのほうが上手に焼けます。

豚肉をブロックに切って焼く調理方法で。肉が縮んでしまい、かたくなってしまっています。

材料（2人分）調理器具：フライパン直径 20㎝

- 牛もも肉……100g
- ピーマン、赤ピーマン……各80g
- たけのこ（水煮）……80g
- 長ねぎ……20g
- しょうが……5g
- サラダ油……適量
- A
  - 塩……0.8g
  - こしょう……適量
  - 溶き卵……20g
  - 片栗粉……5g
- B
  - しょう油……10g
  - オイスターソース……5g
  - 砂糖……10g
  - 日本酒……20g
  - こしょう……適量
- ごま油……5g

肉の油通しが決め手!

緑×赤が鮮やか
青椒肉絲

つくり方

1 牛肉、ピーマン、たけのこは5～7㎜幅の細切りにする。ねぎとしょうがはみじん切りにする。
2 ボウルに牛肉と **A** を入れて手でもみ込む。
3 別のボウルに **B** を入れてゴムべらで混ぜ合わせる。
4 フライパンに1㎝程度のサラダ油と牛肉を入れて弱火にかける。牛肉を広げながら火を通し、赤いところがなくなったらザルに上げて油をきる。
5 4のフライパンにサラダ油を戻して中火にかける。ピーマンをひとつ入れて勢いよく泡が出てきたら、残りのピーマンとたけのこを加えて強火にし、30秒加熱したらザルに上げる。
6 フライパンにねぎ、しょうがを入れて弱火で20秒ほど炒める。
7 4の牛肉、5の野菜を戻し入れ、強火にして **B** を加え、20～30秒加熱する。
8 具材の真ん中にスペースをつくり、ごま油を入れ、香りを出して全体に絡めたら完成。

Point!

牛肉は溶き卵と片栗粉を絡めて油通しをします。衣をつけて120～130℃の油にくぐらせれば、収縮も少なくかたくなりません。

Point!

牛肉と同様に、野菜も油通しをします。肉より少し高めの温度にさっと通すことで、野菜の表面の細胞を少し壊して味を絡めやすくします。

+α

中華料理に特有の調味料

中華料理特有の辛み、甘み、コクを出すためには、調味料の存在が欠かせません。ピリッと辛い豆板醤、しびれるような刺激の山椒や花椒《ホワジャオ》、独特の甘い香りの八角などです。これらを使うことで、一気に本格的な中華料理になります。

左から豆板醤、香りが特徴的な八角、山椒、花椒。

臭みを丁寧に抜いて

ふっくら仕上げる
ブリの照り焼き

材料（2人分） 調理器具：フライパン直径 20㎝

ブリの切り身……………… 220g（約2切れ）
薄力粉（打ち粉用）……………………………適量
A
- しょう油 ‥（ブリの重量+60g）×1.3％×5
- 砂糖 ………（ブリの重量+60g）×1.3％×5
- 日本酒 ……………………………………60g

甘唐辛子 ………………………………………4本
サラダ油 ………………………………………適量
わさび（すりおろし）…………………………適量

つくり方

1 フライパンにブリが浸かる程度の 0.8% の食塩水（分量外）を入れ、底にペーパータオルを敷く。ブリを入れて弱火にかけ、ゆっくり 55℃まで温度を上げる。55℃になったら火を止めて反転させ、5 分おく。
2 1 をとり出してペーパータオルで水気をふき取る。
3 ブリの表面に打ち粉をする。
4 フライパンにサラダ油をひいて中火にかけ、針打ちをした甘唐辛子を入れ、軽く焼き色がつくまで焼いてしんなりしたらとり出す。
5 4 のフライパンを強火にかけ、ブリの片面だけをさっと焼いて焼き目をつけてとり出す。
6 5 のフライパンに **A** を入れて強火で 1 分煮立て、アルコールを飛ばす。
7 ポリ袋に 5 のブリと 6 のたれを熱いうちに入れて密閉して冷ます。
8 ブリとたれをポリ袋からとり出してフライパンに入れ、甘唐辛子を戻し入れて中火でたれが半量になるまで煮詰める。
9 ブリを皿に盛ってたれをかけ、甘唐辛子とわさびを添える。

Point!

1 で 0.8% の食塩水の中にブリを入れて加熱するのは、臭みをとるためです。臭みの原因となっているブリの中の臭みを含む水分を食塩水のほうへ移動させます。

Point!

唐辛子に竹串で数か所穴をあけることを針打ちといいます。焼いたときに唐辛子の中の空気が膨張して爆《は》ぜるのを防ぎます。

アレンジ

ブリを鶏もも肉に置き換えてつくる

59ページと同じ要領で鶏もも肉(100g)を焼き、その脇で甘唐辛子を焼きます。鶏肉も甘唐辛子も焼き目がついたらフライパンからとり出し、上記の 6 からの工程（7 のみ除く）と分量で、鶏肉に調味料を煮絡めます。

仕上げにこしょうをかけるとピリッとパンチが利いた味わいになります。

味噌の風味が際立つ

ごはんが進む！

サバの味噌煮

材料（2人分）調理器具：フライパン直径 20㎝

サバの切り身		220g（約2切れ）
しょうが（スライス）		2枚
長ねぎ		4㎝
A	赤味噌	10g
	大豆味噌	5g
	しょう油	5g
	日本酒	70g
	砂糖	15g
	水	70g
白髪ねぎ（飾り用）		適量

つくり方

1 ねぎはつぶす。

2 フライパンにサバが浸かる程度の 0.8% の食塩水（分量外）を入れて底にペーパータオルを敷く。サバの皮目を上にして入れて弱火にかけ、40℃までゆっくり温度を上げる。40℃になったら火を止めて反転させ、3 ～ 4 分おく。

3 2 のサバをとり出してペーパータオルで水気をふき取る。

4 別のフライパンに **A** を入れて弱い中火にかけ、ゴムべらで混ぜながら煮立たせる。アルコールを飛ばしながら、弱火で 1 ～ 2 分軽く煮詰めて冷ます。

5 ポリ袋にサバと 4 の煮汁、しょうが、ねぎを入れて空気を抜いて密閉する。

6 フライパンに水と 5 を入れ、65℃までゆっくり温度を上げて湯せんをする。

7 フライパンの水を捨ててサバと煮汁をポリ袋から出してフライパンに入れる。軽く煮立て、半量になるまで煮詰めたらサバに煮絡める。

8 皿にサバを盛り、煮汁をかけて白髪ねぎを飾る。

Point!

0.8% の食塩水の中にサバを入れて臭み抜きをします。皮が破れないように、皮目を上にしてフライパンに入れます。

Point!

5 でポリ袋にサバと煮汁を入れて密閉するときのコツです。水を張ったボウルにポリ袋を入れると、簡単に空気を抜くことができます。

+α

味わいと色が違う 赤、淡色、白の 3 つの味噌

味噌には原料の違いから米味噌、麦味噌、豆味噌があり、色によっても赤味噌、淡色味噌、白味噌の 3 つに分かれます。発酵や熟成期間中に起こる化学反応によって褐色化が進むといわれ、醸造期間が長いほど色が濃くなります。

白味噌は主に近畿地方で、赤味噌は主に関東甲信越、東海地方で、淡色は全国で食べられています。

ふり洗いで臭みをOFF

ぷっくりサクサク☆
カキフライ

材料（2人分）調理器具：フライパン直径 22㎝

カキ（加熱用）……大粒8〜10個（180g）
薄力粉（打ち粉用）……適量
卵……50g（約1個分）
オリーブオイル……小さじ1
乾燥パン粉……適量
サラダ油……適量
レモン（くし形切り）……2切れ
クレソン……適量

つくり方

1 ボウルに 0.8% の食塩水（分量外）を入れてカキをふり洗いし、ペーパータオルで水気をふき取る。
2 フライパンにカキの一部を入れて弱火～弱い中火にかけ、茶色の焼き色がつくまでフライパンを温める。
3 フライパンが温まったら残りのカキを加えて 4 分程度、裏表軽く色づく程度まで焼く。
4 火からおろしてバットにのせ、冷凍庫で急冷する。
5 十分に冷めたカキに打ち粉をする。
6 ボウルに卵を割りほぐし、オリーブオイルを加えてよく混ぜる。
7 5 を 6 にくぐらせて卵をきったら、ザルで漉したパン粉をつけて軽く押さえる。
8 フライパンにカキとカキの高さの半分強くらいまでサラダ油を注ぎ入れ、弱い中火にかける。
9 カキが色づいてきたら反転して 1 分半～ 2 分揚げる。
10 カキ全体に軽く揚げ色がついたら皿に盛り、レモンとクレソンを添える。

Point!

1 でカキを洗うときは、はしでカキを持って食塩水の中でふるようにして汚れを落とします。

Point!

5 の打ち粉をするときは、刷《は》毛《け》をカキに対して垂直に立てます。薄力粉を埋め込むようにムラなく薄くつけ、最後に余分な粉をはたいて落とします。

残念…

牛乳で洗ってから衣をつけて揚げる

カキを洗うのは牛乳を使ってもよいでしょう。ただカキは加熱すると水分が出てしまうので、高温の油で揚げると縮んでかたくなります。揚げる前に低温でじっくり火を通せば、揚げ時間は短く、縮むのを防げます。

仕上げに焼き色をつけるためだけに揚げます。下焼きをせず高温で短時間のうちに火を通そうとすると、身が縮んでしまいます。

カリッと揚がれば成功間違いなし!

バリバリ食べる
ジューシー春巻き

材料（2人分）　調理器具：具をつくるフライパン直径 22㎝　揚げるフライパン直径 28㎝

豚薄切り肉	80g
にんじん	50g
たけのこ（水煮）	50g
にら	30g
干ししいたけ	3枚
しょうが	10g
春雨	20g
A しょう油	10g
A オイスターソース	5g
A ごま油	5g
A 砂糖	5g
A 日本酒	20g
A しいたけの戻し汁	20g
水溶き片栗粉	
片栗粉	3g
水	6g
春巻きの皮	6枚
サラダ油	適量
三つ葉（飾り用）	適量

つくり方

1 豚肉、にんじん、たけのこ、水で戻したしいたけは7㎜程度の細切りに、にらは5㎝の長さに切り、しょうがはみじん切りに、春雨は水で戻して3㎝の長さに切る。

2 フライパンにサラダ油をひき、豚肉を入れて弱火で加熱して、火が通ったらとり出す。

3 同じフライパンにサラダ油を足し、弱い中火でにんじんを炒め、やわらかくなったらたけのこを加える。30秒ほど炒めたら、にらとしいたけ、しょうがを加えて炒める。

4 2の肉を戻し入れ、春雨、**A**を加えて水分を飛ばしながら強火で炒める。

5 水溶き片栗粉でとろみをつけたらバットに上げて冷ます。

6 5を6等分して春巻きの皮で包む。巻きおわりは片栗粉を水で溶いたもの（分量外）ではがれないようにくっつける。

7 フライパンにサラダ油を入れて140℃まで熱したら春巻きを入れ、うっすら色がつくまで揚げて一旦とり出す。

8 フライパンの油を180℃まで上げて再度春巻きをさっと揚げる。

9 バットに上げて、油をきったら器に盛り、三つ葉を飾る。

Point!

春巻きの皮で具を巻くとき、なめらかな面が外側になるように皮を置き、手前3㎝程度をあけて春巻きの具材をのせます。手前から具を包み込むように折り、左右を折り込んで、巻きおわりに片栗粉を水で溶いたものをぬってくっつけます。

アレンジ

具材を変えて変わり春巻きをつくる

春巻きの皮（1枚）で、1.5㎝角×3㎝の棒状に切ったモッツアレラチーズ(50g) とフルーツトマト(28g)、生ハム(1枚)、バジル(2枚) を巻きます。140℃に熱したサラダ油で焦げ目がつくまで揚げます。ソース(6個分) は、みじん切りにしてオリーブオイルで炒めた玉ねぎ(50g) とトマトの角切り(100g)、すりおろしにんにく(2g)、塩(1.2g)、砂糖(3.6g)、ワインビネガー(4g)、ヴァージンオリーブオイル(6g)、パセリのみじん切り(5g)、粗びき黒こしょう(適量) を混ぜます。

焼きパインの隠し味で絶品!

どこを食べてもおいしい 酢豚

材料（2人分）調理器具：フライパン直径 20cm

豚肩ロース	120g
玉ねぎ	40g
にんじん	30g
パプリカ（赤・黄）	各30g
ピーマン	15g
パイナップル	50g
A 塩	1.2g
A 溶き卵	10g
A こしょう	適量
A 片栗粉	3g
A 薄力粉	3g
サラダ油	適量
B しょう油	10g
B 砂糖	20g
B 酢	20g
B 塩	2g
B トマトペースト	5g
B 日本酒	40g
水溶き片栗粉	
片栗粉	5g
水	10g

つくり方

1 豚肉は3㎝くらいのひと口大に、玉ねぎ、にんじん、パプリカ、ピーマン、パイナップルは豚肉と同じくらいの大きさの乱切りにする。
2 鍋に水を入れて沸騰させたらにんじんを入れてやわらかくなるまで茹でる。
3 ボウルに **A** と豚肉を入れて手でよく混ぜ合わせる。
4 別のボウルに **B** を入れて菜ばしで混ぜ合わせる。
5 フライパンにパイナップルを入れて弱火で両面に焼き色がつくまで焼いたらとり出す。
6 フライパンに豚肉と豚肉が浸かる程度のサラダ油を入れて弱火〜弱い中火にかける。70℃までゆっくり温度を上げたら一旦バットに上げる。
7 フライパンを強火にかけて 170℃まで温度を上げたら玉ねぎ、にんじん、パプリカ、ピーマンを入れて 30 秒揚げ、ザルに上げて油をきる。
8 フライパンに油を戻し入れ、強火にかけて 180℃まで温度を上げたら豚肉を入れて 20 秒揚げる。ザルに上げて油をきる。
9 別のフライパンに **B** を入れて強火で煮立て、アルコールが飛んだら水溶き片栗粉を入れてよく混ぜる。
10 **8** の豚肉、**7** の玉ねぎ、にんじん、パプリカ、ピーマン、**5** のパイナップルを入れて、さっと絡めたら皿に盛る。

Point!

5 で、パイナップルは水が出やすいので弱火でじっくり焼きます。表面にうっすらと焦げ目がつくまで焼くのが目安です。

Point!

野菜は高温の 170℃でさっと油通しするだけでシャキシャキとした食感になります。ただし火が通りにくいにんじんなどは下茹でを忘れずに。

市販の調味料を使ったお手軽クッキングのワナ

残念…

ケチャップや中華系加工調味料など、市販の調味料でつくればカンタン？ このお手軽クッキングにはワナがあります。調味料の塩分濃度がわからないため味が決まらないうえ、水分も多く、素材がクタクタになってしまうのです。

下ごしらえが不十分だと、パプリカはクタクタ、にんじんは少しかたさが残るなど、火の通りがまばらに。

材料（米2合分）調理器具：鍋直径 15㎝

寿司飯
- 米……300g（約2合分）
- 水……340g
- 日本酒……25g
- 昆布……4g
- 合わせ酢
  - 昆布……4g
  - （昆布は前日から酢に浸けておく）
  - 酢……35g
  - 塩……10g
  - 砂糖……20g

しいたけ煮
- 干ししいたけ……6〜8枚
  - （2.5倍量の水で前日から戻しておく）
- しいたけの戻し汁……100g
- しょう油
  - ……戻した重量の1%の塩分
- 砂糖……戻した重量の7%

かんぴょう煮
- かんぴょう（乾燥）…10g
- だし汁……100g
- 塩……1.8g
- しょう油
  - ……下茹で後の重量の1%
- 砂糖……6g

酢れんこん
- れんこん……40g
- だし汁……20g
- 塩……0.6g
- 酢……3g
- 砂糖……2g

黒ごま……10g

そぼろ卵
- 卵……180g（約3個分）
- 塩……2g
- 砂糖……20g

ボイルカニの足（ズワイガニ）
……8本

むき身のエビ……8尾
- 水……エビとの合計で280g
- 日本酒……20g
- 塩……6g
- 砂糖……12g

飾り
- イクラ……適量
- きざみのり……4g
- 山椒……10枚程度
- きぬさや……3枚

盛りつけが命!

きらきらビジューな
ちらし寿司

つくり方

1 寿司飯をつくる。米を研いで水、日本酒、昆布を入れて炊く。
2 ボウルに合わせ酢の材料を入れてよく混ぜる。前日から酢に浸けた昆布はとり除く。
3 炊き上がったごはんをバットに広げ、切るようにして混ぜながら冷まし、合わせ酢を加えて同じ要領で混ぜたら、湿らせた布巾をかぶせる。
4 しいたけ煮をつくる。しいたけの軸をとり除きしいたけが浸かる3倍量の湯を沸騰させて3分茹でる。
5 しいたけをとり出して計量する。鍋にしいたけと戻し汁、しいたけの重量の1%のしょう油と砂糖を入れて落とし蓋をし、煮汁がなくなるまで煮る。
6 2～3枚は飾りとして薄切りにし、残りは小さく刻む。
7 かんぴょう煮をつくる。かんぴょうを10～15分水に浸けたら、塩（分量外）をたっぷりふりかけ、もむように洗って水で流す。
8 鍋に0.8%の食塩水（分量外）を入れて沸騰したらかんぴょうを入れて3分煮る。とり出したら冷まして小さく刻む。
9 鍋にかんぴょう、だし汁、塩、しょう油、砂糖を入れて落とし蓋をして、水分がなくなるまで煮て、冷ます。
10 酢れんこんをつくる。れんこんは薄切りにし、1㎝くらいの色紙切りにして水に2分さらしたら水気をきる。
11 フライパンにれんこん、だし汁、塩、酢、砂糖を入れて中火にかけ、水分がなくなるまで加熱したららバットに上げて冷ます。
12 寿司飯と6で刻んだしいたけ、9のかんぴょう、11のれんこん、ごまを混ぜ合わせる。
13 そぼろ卵をつくる。ボウルに卵を割りほぐし、塩と砂糖を加えて混ぜる。
14 フライパンに卵液を入れ、弱火～弱い中火にかけ、菜ばし4～5本でかき混ぜて水分を飛ばしながら火を通す。
15 鍋に0.8%の食塩水と1%の砂糖（ともに分量外）を入れて沸騰したらボイルカニを入れ、30秒ゆがいたらとり出し、冷まして斜め半分に切る。
16 エビは背わたを除去する。
17 鍋にエビとエビが浸かる程度の0.8%の食塩水（分量外）を入れて弱火にかけ、30℃になったら火を止め5分おいたらエビをとり出して水洗いする。
18 再度、鍋にエビと水の合計280g、日本酒、塩、砂糖を入れて弱火にかけ、75℃まで温度を上げたら火を止めて冷ます。
19 きぬさやは筋とヘタをとり除く。鍋に1%の食塩水（分量外）を入れて沸騰させて1分半茹でる。水にさらして粗熱をとり、3～4㎜幅に斜め切りにする。
20 仕上げる。セルクルでかたどった寿司飯を皿にのせ、きざみのりと14のそぼろ卵、6で飾りに残したしいたけ、18のエビ、イクラ、19のきぬさや、15のカニをのせて山椒を飾る。

貝一つひとつに丁寧に火を通す

ふっくら温か
アサリの酒蒸し

材料（2人分）調理器具：フライパン直径 20㎝

アサリ	300g
日本酒	150g
しょう油	3g（小さじ½）
小ねぎ	5g（1本）

つくり方

1 ボウルにアサリとアサリが半分の高さまで浸かる程度のぬるめの3%の食塩水（分量外）を入れて20分浸ける。
2 アサリを流水でしっかり洗う。
3 フライパンにアサリと日本酒を入れてアルミホイルで落とし蓋をして弱火にかける。
4 アサリの口が開いたら、アルミホイルを外して貝の身がついているほうを煮汁に浸かるようにしてさらに2～3分加熱する。
5 しょう油をさっと加えて皿に盛り、小口切りにしたねぎを散らす。

Point!

3のアルミホイルで落とし蓋をする際は、本物の蓋のようにフライパンを閉め切らないこと。温度が高くなりすぎ、アサリの身がかたくなってしまいます。

Point!

4のように、身がついているほうを煮汁に浸けるのはアサリに火を通すためと、殻から身離れをよくするためです。

+α

日本酒と料理酒はどう違う？

アサリの酒蒸しや和食をつくる際に使う"酒"は清酒が理想です。というのは、料理酒には塩分などうま味成分が入っているため、つくる料理の具材に対して0.8%より多い塩分で味つけをしないと、おいしく感じないからです。紹興酒や白ワインも、同じ理由でおすすめできません。

料理酒は食塩などの添加物が入っているため、酒類販売業免許を持たずとも販売できるという背景から誕生しました。酒税の課税対象外なので安価に入手できます。

だしを使わない“卵”感がうれしい

やさしい味わいの
茶碗蒸し

材料（2人分）130ccの器2つ分　調理器具：鍋直径18㎝

卵液		
	卵	50g（約1個分）
A	水	160g
A	塩	1g
A	しょう油	3g
A	砂糖	3g
鶏もも肉		50g
しめじ		20g
三つ葉		2本
銀杏		2個
かまぼこ		2枚
ゆずの皮		1㎝角2枚

つくり方

1 ボウルに卵を割り入れて菜ばしで混ぜたら、**A** を加えてザルで漉す。
2 鶏肉は 4 等分にする。しめじは石づきをとってほぐす。三つ葉は葉と茎を分け、茎は 2㎝の長さに切る。
3 鍋に 4% の食塩水（分量外）を入れて鍋底にペーパータオルを敷く。鶏肉を入れて弱火にかけてゆっくりと 70℃まで温度を上げたら、火を止めて 5 分おく。とり出して水気をきる。
4 別の鍋に 0.8% の食塩水（分量外）を沸騰させ、銀杏は 2 分、しめじは 20 秒茹でたらとり出して水気をきる。
5 器に鶏肉、銀杏、しめじ、かまぼこ、三つ葉の茎を入れて、1 の卵液を流し入れる。
6 鍋底にペーパータオルを敷いて 5 を入れ、卵液の高さまで水を入れる。中火～強火で 90℃になるまで温度を上げる。90℃になったら火を止めて蓋をし、15 分おいたら仕上げに三つ葉の葉とゆずを飾る。もし、まだ表面がかたまらずに液状だった場合は、再度湯せんの温度を 80°C にして蓋をし、5 ～ 10 分おく。

Point!

布巾をかませたり、蒸し器を使ったりと、何かと手間がかかる印象の蒸し料理ですが、温度をきちんとコントロールすれば、フライパンの湯せんでも可能。ポイントは水の量。材料と同じ高さにすれば失敗しません。

残念…

中火～強火で短時間加熱したら……

火加減が強すぎると、湯の温度がどんどん上がります。すると卵のタンパク質がかたまって小さなぶつぶつができ、卵の水分が出てきてしまう､いわゆる「す」が入った状態になります。これは高温による加熱での､もっとも多い失敗例です。

卵の水分が出てすが入ってしまっています。プリンなど、卵を使ってかためる料理では要注意です。

肉のうま味を引き出した

甘辛たれをしっかり絡める

鶏つくね

材料（2人分）調理器具：フライパン直径 20㎝

鶏ひき肉		200g
塩		2g
こしょう		適量
長ねぎ		30g
しょうが		5g
ごぼう		10g
卵黄		15g（約1個分）
砂糖		2g
A	しょう油	20g
	砂糖	20g
	酒	30g
	ごま油	3g
水溶き片栗粉		
	片栗粉	5g
	水	10g
サラダ油		適量
大葉		6枚
大根おろし		40g
粉山椒		0.5cc

つくり方

1 ボウルにひき肉を入れて塩とこしょうをし、すりこ木で突いて結着させる。
2 ねぎ、ごぼう、しょうがはみじん切りにする。
3 1 に 2 を加えて混ぜたら卵黄、砂糖を加えてさらによく混ぜる。
4 ひとまとまりにしたら空気を抜き、4等分にして形を整える。
5 フライパンにサラダ油をひき、つくねを並べて弱火で焼く。半分まで火が通ったら反転する。表面が膨らみ、肉汁がにじんできたら一旦とり出す。
6 フライパンに残っている油をペーパータオルでふき取り、**A** を入れて中火にかけてアルコールを飛ばしながら煮立たせる。
7 5 のつくねを戻し入れて、たれを絡める。
8 水溶き片栗粉を加えてとろみをつけたら、皿に盛りつけ、大葉、大根おろしを添えて粉山椒をふる。

Point!

1 で鶏ひき肉を結着させるのは、焼いたときにぼろぼろ崩れるのを防ぐためです。すりこ木で肉をつぶすようにして粘りが出るまで突きます。

Point!

つくねのたねの空気を抜くときは、たねをボウルにたたきつけます。肉と肉のあいだに空気が入っていると、焼いているときに崩れるリスクがあるからです。

アレンジ

パーティの前菜にも モロッコ風つくね

豚ひき肉（200g）、塩（2g）は 1 の要領で結着させます。豚肉に炒め玉ねぎ（40g）、松の実（30g）、5㎜角のオリーブ（30g）、卵黄（20g）、こしょう（適量）、クミンパウダー（2cc）を加えてよく混ぜ、適度な大きさに丸めてオリーブオイル（大さじ1）で焼きます。

仕上げにローズマリーとオリーブをつくねに刺し、はちみつ（20g）、レモン汁（5g）、塩（0.2g）を混ぜたソースをあしらいます。

column

美しく盛りつけるためにはルールがある

料理のおいしさの決め手は、味はもちろんのこと、見た目の美しさにもあります。同じ料理でも盛りつけによってはおいしそうに見える場合と、そうでない場合があるのです。

上手に料理を盛りつけるコツは、真上からお皿を見て、バランスを見ながら盛りつけることです。お皿を斜め上から見ると、メイン料理をお皿の手前に置いてしまったりして存在感が引き立ちません。48ページのタンポポオムライスや60ページのステーキなどはとくに注意が必要です。メインはお皿の真ん中に、つけ合わせはその後ろの余白に盛りつけると、メイン料理が引き立ちます。

盛りつけのポイントは3つ。1つめは左右対称であることです。本書では76ページのちらし寿司がいい例で、円形にかたどった寿司飯の上に、左右対称に具材を飾っています。2つめは深鉢などの場合、器に対して8割程度まで盛ることです。お皿に目いっぱい盛ってしまうと、料理が美しく見えません。本書では54ページの肉じゃがや78ページのアサリの酒蒸しが美しく見えるのは、料理の高さを器に対して8割程度におさめているからです。

3つめは、メッセージを込めて盛りつけることです。例えばソースを絡めて食べてもらいたい場合は別添えにせず、お皿に盛った食材にまわしかけます。60ページのステーキはまさにその代表例です。ソースを絡めながら食べてほしいという思いで盛りつけています。

盛りつけにはセンスのよさやお皿の豪華さは関係ありません。3つのルールを守って数をこなすことで腕が上がります。

第2章

もう献立に困らない！

身近な食材がいろんな料理に大変身♪

もやし、にんじん、じゃがいも、ひき肉。デイリーな食材でも飽きがこないのは、加熱方法や味つけがその都度違うから。定番にプラス一品して、食卓に彩りを。食材から考える一品メニューのレシピ集です。

水島流

献立づくりにもう困らない！
メニューづくりのかけ算

献立のマンネリ化に悩んでいる人は案外多いようですがレシピは食材と調理方法、味つけのかけあわせで決まります。その組み合わせは無限大です。

食材を知ればレパートリーが広がる

献立づくりは、食材と調理方法、調味料の3つのかけあわせで何通りにも展開できます。ですが、「もやしの炒め物」「にんじんのしりしり」といったように、定番料理のレシピだけで覚えてしまうと、なかなかレパートリーが広がっていきません。

レパートリーを増やすための第一歩は、食材をよく知ること。どのように調理するとどういう風味が際立つのか、例えばにんじんなら生ではシャキシャキした食感が楽しめる、加熱すると甘みが増すなど、いろいろと試してみることが大切です。こういった食材の知識がないと、工夫したりアレンジしたりすることができず、限定された料理しかつくれなくなってしまいます。

食材の特徴を知ったら、次はどう調理するのかを決めます。調理方法は、生、炒める、焼く、蒸す、煮る、揚げるの6種類しかないので、どれがいちばんその食材に向いているか、あるいは炒めたら、焼いたら、どうなるのかを考えます。

最後は決め手となる調味料を選びます。基本的な味つけは塩。これは味噌やしょう油でも置き換えられます。そのうえで、酢や砂糖、唐辛子などを加えることで、酸味や甘み、辛みなど、重奏的な味つけにすることができます。

また、風味づけにはオイル類が、香りづけにはスパイスやハーブが便利です。食材を知って、さまざまな調理法を試してみてください。

食材 そのものを知る

食材の本来の味を知るためには、生の状態に塩をふって食べてみることをおすすめします。こうすることで、食材本来のおいしさを知ることができるからです。次に、加熱でどう変化するのかをみます。焼くと風味が出る、蒸すと甘みが増すなど、さまざまです。

また、似た食材を知っておくことも大切です。レシピではチンゲン菜とあっても手に入らない場合、ターサイや小松菜に置き換えることができます。

STEP1 **食材＋塩で食べる**
→うま味の度合いをはかる

STEP2 **加熱して食べる**
→風味や食感の変化を知る

STEP3 **食材を置き換える**
→料理のレパートリーが倍になる

調理法を決める

調理法によってその食材がどう変化するのか、知っておきましょう。生、炒める、焼く、蒸す、煮る、揚げるの6種類のなかから、その食材に合った調理法を選ぶことができるからです。

いずれの調理法の場合も、失敗をなくしたいのであれば、まずは弱火調理を心がけてください。急激に高熱を加えると、食材が耐えきれず、水分が出たり縮んだりといったマイナスの変化が起こってしまうからです。

調味料を選ぶ

食べやすく切り、適切に加熱した食材を、おいしく仕上げるのは調味料です。味つけは、塩味、甘み、酸味、辛みの4種類が基本となり、すべてのベースとなるのは塩です。

味噌やしょう油で塩を置き換える場合は、塩の5倍の重量が基本。以下、甘みと酸味はうす味なら塩の3倍、濃い味なら5倍が黄金比率です。

辛み、風味、香りは、お好みにより加減できます。

塩味	味噌・しょう油
＋	
甘み	砂糖・みりん
＋	
酸味	酢・バルサミコ酢
＋	
辛み	唐辛子
＋	
風味	オイル等
＋	
香り	ハーブ、その土地の調味料

↓

重奏的な味つけが決まる！

シャキシャキ感がおいしさの決め手
もやし

リーズナブルで、料理の
かさ増しにも大活躍のもやし。
独特の食感を生かすには
火入れの温度が重要です。

ひげ根

白いものは新鮮ですが、茶色く変色しているものや、水分が出ているものは劣化しています。

ハリ

触ってみてハリがあるものは新鮮な証拠です。反対に弾力があるものは古くなりかけています。

食感

長時間、また高温の加熱を避けることで、シャキッとした食感が残ります。

栄養価が高く味が淡白 さまざまな料理に利用できる

「もやし」は、穀類や豆、野菜などを涼しく暗いところで育てて、人工的に発芽させたものです。スーパーの店頭で見かけるもやしといえば、ブラックマッペやリョクトウ、大豆などの豆の芽であることがほとんどです。

　か弱そうなイメージのあるもやしですが、意外にも栄養は豊富。疲労解消の手助けをしてくれるアスパラギン酸、カリウム、カルシウム、鉄分や食物繊維を多く含んでいます。

　また、シャキッとした歯ざわりとくせのない味わいが特徴で、炒め物、サラダ、スープの具など、家庭料理では守備範囲が広い食材のひとつでもあります。

もやし❶

もやしと香菜のサラダ

つくり方

1 鍋に0.8％の食塩水（分量外）ともやしを入れ、弱い中火にかける。沸騰してきたら湯ぎりする。
2 香菜は3㎝の長さに切る。
3 ボウルにもやしと香菜、塩、こしょうを入れて菜ばしで混ぜる。
4 レモン汁、はちみつ、オリーブオイルを加えて和えたら冷蔵庫で冷やして完成。

Point!

もやしは高温や長時間茹でると、水分が出てしまい、水っぽくなってしまうので注意しましょう。また茹でたあとは絶対に水にさらさないこと！

Point!

もやしが温かいうちに、ほかの材料や調味料で和えるようにすると、味の浸透を促せます。一方、香菜などは、和えてからすぐに冷蔵庫で冷やすことで、変色を防止します。

材料（2人分）調理器具：鍋直径15㎝

もやし	70g
香菜《シャンツァイ》	10g
塩	もやしと香菜の重量の1％（0.8g）
こしょう	適量
レモン汁	3g
はちみつ	2g
オリーブオイル	3g

Change

香菜の代わりに大葉や水菜などの葉野菜に置き換えてもOK。またレモンは酢やほかの柑橘系でも代用できます。

もやし②

もやしのクレープ包み

つくり方

1 フライパンにもやしと５cm幅にそぎ切りにしたねぎを入れ、サラダ油をまわしかけて弱火で炒める。

2 もやしがしんなりしてきたらフライパンの真ん中にスペースをつくり、豆板醤を入れて軽く炒めてから全体に絡める。塩と砂糖を加えて混ぜ、バットに上げて冷ます。

3 クレープ生地をつくる。ボウルに薄力粉、塩、グラニュー糖を入れて泡立て器で混ぜ、卵を加えて混ぜる。なじんだら牛乳、生クリームを加え、最後に溶かしたバターを加えてよく混ぜてからザルで漉す。

4 クレープ生地を焼く。フライパンにバター（5g、分量外）を入れて弱火にかけ、溶けたらクレープ生地の¼量を流す。薄く焼き目がついたら裏返す。

5 クレープ生地の真ん中より少し手前に半分に切ったサラダ菜と2のもやしを置いて巻き、半分に切って皿に盛りつける。

材料（2人分）調理器具：具材のフライパン直径 18cm　クレープ生地のフライパン直径 20cm

もやし……50g
長ねぎ……30g
豆板醤……4g
塩……0.8g
砂糖……1g
サラダ菜……2枚
サラダ油……適量

クレープ生地（４枚分）
薄力粉……13g
塩……0.6g
グラニュー糖……8g
卵……25g（約½個分）
牛乳……25g
生クリーム……12g
バター（食塩不使用）……4g

もやし❸

もやしとトマト風味のそぼろ和え

つくり方

1 ねぎ、しょうが、にんにくはみじん切りに、トマトは 1㎝角に、飾り用のねぎは小口切りにする。

2 ひき肉は 25 ページの要領で臭み抜きをする。

3 フライパンに 2 のひき肉を入れて弱火で炒める。

4 ひき肉全体に火が通ったらフライパンの真ん中にスペースをつくり、ねぎ、しょうが、にんにくを加えて炒める。

5 日本酒を加えてアルコールを飛ばしたらトマトを加えて水分がなくなるまで煮詰めてバットに上げる。

6 ボウルにもやしと 5 のひき肉を入れて計量し、重量の 1 %の塩とその 3 倍の砂糖を加えてスプーンでよく混ぜる。

7 フライパンに 6 を戻し入れて、中火でさっと温めたら皿に盛って小ねぎを散らす。

材料（2人分）調理器具：フライパン直径 20㎝

もやし……120g
長ねぎ……30g
しょうが……3g
にんにく……1g
トマト……70g
ひき肉（なんでも可）……100g
日本酒……10g
　塩…炒めた全体量の1%（2.2〜2.6g）
　砂糖……塩の3倍
小ねぎ（飾り用）……適量
サラダ油……適量

Change

味つけは、6 の工程でカレー粉（1cc）を加えるとスパイシーになります。

味も食感もバリエーション豊富！

にんじん

食感を楽しみたいなら生で、甘みを楽しみたいなら加熱して、と、レパートリーが広がるにんじん。さまざまな献立が考えられる、調理しやすい素材です。

葉

ハリがあって濃い緑色のものが新鮮です。香りがよく栄養価も高い葉は、根と一緒に調理します。

表面

ごつごつしていたり傷があったりするものは避けたほうが無難。なめらかで赤みが強いもののほうが新鮮です。

皮

カロテンは表皮の下にもっとも多く含まれているので、できるだけ皮はむかずに調理したいところ。出荷の際はひげ根や薄皮は処理済みなので、軽く洗うだけで十分です。

調理方法

かたく、火が通るのに時間がかかるので下茹でが必要です。サラダなどで細切りにする場合は、生でも食べられますので、下茹では不要です。

健康にも美容にも欠かせないパワー食材

サラダや煮物、炒め物はもちろん、カレーの具材やつけ合わせにも大活躍のにんじんは、家庭料理でも使用頻度が高い野菜のひとつです。

豊富にカロテンが含まれていることを示す鮮やかなオレンジ色で、見た目がよいのはもちろん、免疫力を高めたり、皮膚や粘膜を強くしたりするため、健康にも美容にもいいといわれています。

ただし、生で食べるときは少し工夫が必要です。生のにんじんにはビタミンCを壊してしまう酵素が含まれているからです。酸を使うとその働きが抑えられるのでビネガー系や柑橘系のドレッシングなどを使うことをおすすめします。

にんじん❶

キャロット ラペ

つくり方

1 ボウルに **A** を入れてレーズンを1時間漬ける。

2 にんじんは皮をむき、ラペを使ってすりおろす。こうすることで、表面の細胞がつぶれて、味がなじみやすくなる。

3 別のボウルに **2** のにんじんとにんじんの重量の1%の塩、砂糖を入れて和え、コリアンダーパウダーとオレンジの皮のすりおろしも加えて和える。

4 フレンチドレッシングをつくる。ボウルにマスタード、ワインビネガー、塩を入れてよく混ぜ、オリーブオイルを加えて乳化させる。

5 **4** のボウルに、**1** のレーズンと **3** のにんじんを加え、冷蔵庫で30分おいて味をなじませる。

6 味がなじんだら皿に盛り、みじん切りにしたパセリを散らす。

Point!

2 ではラペという道具を使います。包丁で切ると断面がなめらかになり、ドレッシングがしみ込みづらくなるからです。

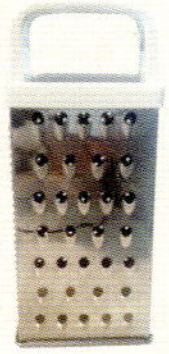

材料（2人分）

キャロット ラペ

にんじん……80〜90g
　塩……ラペしたにんじんの重量の1%
　砂糖…ラペしたにんじんの重量の1%
コリアンダーパウダー……0.5cc
オレンジの皮のすりおろし……½個分

A
　レーズン……10g
　オレンジの絞り汁……10g
　オレンジリキュール……3g
　塩……0.3g

フレンチドレッシング（15g分）
　フレンチマスタード……5g
　ワインビネガー……5g
　塩……0.2g
　ヴァージンオリーブオイル……20g

パセリ……適量

にんじん❷ クレシー

つくり方

1 にんじんは皮をむいて5㎜角に、玉ねぎは5㎜幅の薄切りに、パセリはみじん切りにする。

2 鍋にサラダ油とにんじん、玉ねぎを入れて弱火にかけ、3～4分炒める。

3 鍋に蓋をして160℃に予熱したオーブンで20分焼く。

4 オーブンからとり出し、鍋の蓋をとったときににんじんの香りがすることと、木べらでにんじんを押したとき簡単につぶれるくらいやわらかくなっているかを確認する。なっていなければ加熱時間を延ばす。

5 水、タイム、塩、こしょうを加えて中火にかけ、5分加熱する。

6 タイムをとり除いて、5をボウルに移して計量し、重量が180gになるまで牛乳を注ぎ入れる。

7 ミキサーにかける。

8 鍋に7を戻し入れて温める。

9 皿に盛り、パセリをのせてオリーブオイルをかける。

材料（2人分）調理器具：鍋直径15㎝

にんじん	50g
玉ねぎ	25g
サラダ油	適量
水	100g
タイム	1枝
塩	1.4g
こしょう	適量
牛乳	180－5のにんじんの重量g
パセリ	適量
ヴァージンオリーブオイル	適量

memo

にんじんの産地として有名なフランス北部の町・クレシーにちなんで名づけられました。やさしい味で体も心も温まるポタージュです。

にんじん③

にんじんのリゾット

つくり方

1 バターライスをつくる。玉ねぎはみじん切りにする。

2 鍋にバターと 1 の玉ねぎを入れて弱火にかけ、透きとおるくらいまで炒める（約 2 分）。

3 米を加え、表面にバターをなじませるようにして約 30 秒混ぜる。

4 日本酒、水、塩、こしょうを加えてよく混ぜて、強火にする。沸騰させて対流させる。

5 タイムを入れる。

6 蓋をして 180℃に予熱したオーブンで 17 分炊く。

7 炊き上がったら軽く混ぜてほぐし、タイムをとり除く。

8 リゾットをつくる。フライパンにサラダ油とみじん切りのにんじんを入れて弱い中火で炒める。

9 すりおろしたにんじんを加えて水分を飛ばしながら炒める。

10 牛乳と塩を加えて煮立てたら 7 のバターライスを加える。水分が少量になったら火を止めてパルメザンチーズを加える。

11 皿に盛りつけ、みじん切りにしたパセリを散らす。

材料（2人分） 調理器具：バターライスの鍋直径 10㎝　リゾットのフライパン直径 20㎝

バターライス

玉ねぎ	20g
バター（食塩不使用）	7g
米	50g
日本酒	10g
水	45g
塩	0.8g
こしょう	適量
タイム	1枝

リゾット

にんじん（すりおろし）	30g
にんじん（みじん切り）	30g
牛乳	80g
塩	1g
パルメザンチーズ（すりおろし）	15g
パセリ	適量
サラダ油	適量

春と冬の特徴を生かした アレンジ料理がしやすい キャベツ

スーパーでは一年中出回っているキャベツ。収穫時期によって、適する料理法が違います。味も淡白で飽きがきにくい、ヘビロテ必至の食材です。

葉
ハリがあって、葉の緑が濃くて鮮やかなものが新鮮。冬のキャベツはずっしりと重いもの、春はみずみずしいものを選んで。

切り口
割れたり、変色したりしておらず、切り口がみずみずしいものを選びましょう。変色しているものは傷みも早いので要注意。

下準備
外側の葉は汚れていたり、虫に食われていたりしたら１枚捨てます。１枚ずつはがして、丁寧に洗ってから調理します。

調理方法
加熱せずに、サラダや浅漬け、ザワークラウトもいいでしょう。加熱料理なら野菜炒めやポトフなど煮込みに最適です。

春と冬の2種類のキャベツを料理によって使い分ける

冬のキャベツは葉がしっかりと巻かれていてずっしりと重いのが特徴です。出回るのは11~3月頃。甘みが強いのでロールキャベツのような煮込み料理に最適です。

一方、春のキャベツの葉はゆるい巻き。みずみずしいので生で食べられるサラダ向きです。こちらが出回るのは早春からで、産地は千葉や神奈川、茨城などです。ちなみに冬は、愛知県産のものが多く出回ります。

キャベツの特徴といえば、とにかく栄養価が高いこと。胃腸の調子を整えるキャベジンという水溶性ビタミンが豊富なのに加えて、ビタミンCやアミノ酸、カルシウムも豊富。まさに栄養の宝庫です。

キャベツ❶

キャベツとりんごのワインビネガー蒸し炒め

つくり方

1 キャベツは1㎝幅のざく切りに、玉ねぎは5㎜幅の薄切りに、りんごは皮をむいていちょう切りにする。パセリはみじん切りにする。パンチェッタは5㎜の棒状に切る。

2 鍋に玉ねぎとりんごを入れサラダ油をまわしかけ、弱火で5〜7分炒める。

3 パンチェッタを加えて1分炒める。

4 キャベツを加えてざっくり混ぜたらワインビネガー、塩、こしょう、砂糖、バター、クローブを入れて蓋をし、蒸し炒めにする。

5 キャベツがしんなりしたら火を止め、皿に盛りつけてパセリを散らす。

Point!

4の蒸し炒めはオーブンを使ってもできます。その際は鍋に蓋をして160℃に予熱したオーブンで10分加熱します。

材料（2人分）調理器具：鍋直径15㎝

キャベツ	100g
玉ねぎ	50g
りんご	70g（¼個）
パセリ	2g
パンチェッタ	40g
ワインビネガー	10g
塩	2g
こしょう	適量
砂糖	8g
バター（食塩不使用）	15g
クローブ	2本
サラダ油	適量

Change

パンチェッタはベーコンに置き換えられます。また野菜類はパプリカやきのこ類を入れても相性がよく、おいしくいただけます。

キャベツ❷

茹でキャベツ ブルーチーズとメープル風味

つくり方

1 キャベツは 5㎝角に切る。
2 鍋に 2% の食塩水（分量外）を入れて沸騰させ、キャベツを 2 分茹でたら陸上げをして冷ます。
3 鍋にブルーチーズと牛乳を入れて弱火にかけ、泡立て器で混ぜながらチーズを溶かす。
4 チーズが溶けたらこしょうを加える。
5 皿に 2 のキャベツを盛り、4 のソース、メープルシロップ、オリーブオイルをかけ、くるみを散らす。

Point!

2 でキャベツを茹でたあと、水にさらしてしまうと、キャベツ特有の甘みや風味が薄れてしまいます。湯ぎりをしたらそのまま冷まします。

材料（2人分）調理器具：鍋直径 15㎝　ソースの鍋直径 10㎝

キャベツ	120g
ブルーチーズ	40g
牛乳	30g
こしょう	適量
くるみ	30g
メープルシロップ	5g
ヴァージンオリーブオイル	適量

Change

キャベツは似たような葉野菜であるレタスや白菜に置き換えても OK です。

キャベツ③

春キャベツのペペロンチーノ

つくり方

1 キャベツは 3㎝幅のざく切り、にんにくは粗いみじん切りにする。パセリはみじん切りにする。鷹の爪は種をとり除く。

2 鍋に 1.5% の食塩水（分量外）を入れて沸騰させたらパスタとキャベツを入れる。

3 フライパンにオリーブオイル、にんにく、鷹の爪を入れて弱火で加熱する。うっすらにんにくに色がついたら火を止める。

4 キャベツは 2 の鍋から 2 分でとり出し、そのまま 3 のフライパンで、弱い中火で 2 分ほど、軽く炒める。

5 パスタが茹で上がる 30 秒前に 4 を再度中火にかける。

6 パスタが茹で上がったら湯ぎりせずにパスタをトングで 5 のフライパンに入れ、強火にして 10 秒ほど炒め、最後にオリーブオイルを絡める。

7 皿に盛りつけ、パセリを散らす。

材料（2人分） 調理器具：パスタの鍋直径 22㎝　仕上げのフライパン直径 20㎝

キャベツ	50g
にんにく	3g
パセリ	2g
鷹の爪	1本
パスタ	70g
オリーブオイル	20g
ヴァージンオリーブオイル	5g

memo

元来、シンプルなペペロンチーノ。上記の材料に桜エビやしらすなどを足すと、うま味が加わります。

ほくほくの〝粉質〟、しっとり〝粘質〟

じゃがいも

通年でリーズナブルに手に入る、使い勝手のいい食材です。種類も多く、食感には粉質と粘質があります。特徴を知れば、さまざまな料理に生かせます。

表面

傷があったり、しなびていたり、芽が出ていたりするものは避けたい。持ったときに重量感があるものがおすすめです。

芽

芽の部分に含まれているのはソラニンという毒性のある物質です。下痢や腹痛、吐き気、めまいなどの症状の原因となるので必ずとり除きます。

調理方法

ふかしてつぶしてニョッキをつくる、肉じゃがなど煮物に入れる、下茹でしてサラダにする、揚げてフライドポテトにするなど、どんな調理法も合います。

中身

みずみずしく、すが入っていないものがいい。切ると酸化によって変色するので、すぐに水にさらします。

世界各国で食されていて調理法もヴァリエーション豊か

野菜ですが、主成分がでんぷんなので主食として食べる国もあります。世界中で栽培され、さまざまな食べ方、調理法がある、身近な食材です。本来、ビタミンCは加熱で崩れやすいものですが、でんぷんの作用によって壊れにくくなっています。

代表的な種類は男爵やメークインです。男爵は球形で中身は白く、ほくほくした食感であるため、粉ふきいもやマッシュポテトに向いています。一方、メークインは細長い卵形で、粘質のため煮崩れしにくく、煮物向きです。ほかにも最近では、黄みが強くて栗のように甘いインカのめざめや、加熱すると甘みを一層増すキタアカリなどが人気です。

じゃがいも❶

ドフィノワ

つくり方

1 アパレイユをつくる。ボウルに卵を割り入れて菜ばしでよく混ぜる。牛乳と生クリームを加えてよく混ぜたら粗めのザルで漉す。

2 塩、こしょう、ナツメグを加えてさらによく混ぜる。

3 じゃがいもは皮をむき、2㎜幅の薄切りにして水にさらす。にんにくはすりおろす。

4 じゃがいもの重量の 0.8% の塩とこしょうをして手で和える。

5 にんにくを加えてよく和える。

6 型の内側にバターをぬる。

7 型に5のじゃがいも⅓量を入れたらアパレイユも⅓量入れる。これを 3 回繰り返す。

8 150 〜 160℃に予熱したオーブンで 50 〜 60 分焼く。じゃがいもに串を刺したときに抵抗感がなくなりスッと刺さるまで焼く。焼き目がついていなければ上段にするか、オーブントースターで焼く。

9 型から抜いて皿に盛り、クレソンをあしらう。

材料（2人分） 調理器具：縦 8㎝×横 12㎝×高さ 4㎝の型

じゃがいも（皮つき）
……200g（中2個が目安）
　塩……じゃがいもの重量の0.8%
にんにく……小½かけ
こしょう……適量

アパレイユ

　卵……30g（約½個分）
　牛乳……100g
　生クリーム……50g
　塩……1.4g
　こしょう……適量
　ナツメグ……0.5cc
バター（食塩不使用）……型にぬる分
クレソン（飾り用）……適量

memo

ドフィノワとは東フランス、ドフィネ地方の郷土料理で、じゃがいものグラタンのことです。

じゃがいも❷

じゃがいもの フォレスティエール

つくり方

1 じゃがいもは皮をむき1cm角に、玉ねぎは5mm幅の薄切りに、きのこ類は2～3cm大の大きさに切る。にんにくとパセリはみじん切りにする。
2 フライパンに玉ねぎときのこ類を入れてサラダ油をまわしかけ、弱火で7～8分炒める。
3 にんにくを加えて1分炒める。
4 別のフライパンにじゃがいもが浸かる程度の水を入れて沸騰させ、じゃがいもを2分茹でる。
5 じゃがいもは湯ぎりする。フライパンに少し多めのサラダ油とじゃがいもを入れて中火にかけ、串が通るまで揚げ焼きする。
6 ザルで油をきり、3のフライパンに加え、塩、こしょうをして2分炒める。
7 火からおろしてパセリのみじん切りをふり、混ぜたら皿に盛る。

材料（2人分）調理器具：フライパン直径20cm

じゃがいも	100g
玉ねぎ	30g
しめじ	30g
マッシュルーム	40g
にんにく	2g
パセリ	4g
塩	1.4g
こしょう	適量
サラダ油	適量

memo

フォレスティエールとは、きこり風の意。きのこ類やじゃがいもなど、いわゆる「森の幸」を使った料理のことです。ステーキのつけ合わせなどにも好まれます。

じゃがいも③

ビシソワーズ

つくり方

1 じゃがいもは皮をむいて1cm角に、玉ねぎは繊維に沿って5mm幅の薄切りに、長ねぎは5mm幅の薄切りにする。

2 鍋に玉ねぎと長ねぎ、サラダ油を入れて、弱火で2分炒める。

3 蓋をして150℃に予熱したオーブンで10分焼く。

4 オーブンからとり出し、再度直火にかけて弱火で1分炒める。

5 じゃがいもはさっと流水にくぐらせ、水気をきってから4に加え、弱火で2分炒める。

6 再度蓋をして150℃のオーブンで30分、じゃがいもがほぐれるまで蒸し炒めにする。

7 直火にかけて日本酒を入れ、アルコールを飛ばす。

8 水、タイム、塩、こしょうを加えて弱火にかけ、10分煮る。

9 タイムを除去し、計量する。

10 ザルで裏漉しをして350gになるまで牛乳を加えたらミキサーに5秒かける。

11 冷やしてから皿に盛り、パセリを散らす。

材料（2人分）調理器具：鍋直径15cm

じゃがいも（皮をむいた状態）……100g
玉ねぎ……50g
長ねぎ（ポワロー※）……50g
日本酒……30g
水……100g
タイム……1枝
塩……仕上がり350g×0.7%=2.4g
こしょう……適量
牛乳……350ーじゃがいものピュレの重量g
パセリ（みじん切り）……適量
サラダ油……適量

※リーキ：西洋ねぎのこと。

memo

じゃがいもはでんぷんが多いため、スープにすると粘り気が出やすく、ざらついた食感になります。ミキサーは5秒以上かけないこと。裏漉しすることで舌ざわりが格段によくなります。

葉から先端まですべて食べ尽くせる

大根

冬野菜の代名詞ともいえる大根。先端は辛みが強く、葉のほうへいくほどみずみずしくなります。部位によって調理法を変えれば丸ごと一本味わえます。

根

ひげ根が少なくてハリやツヤがあるものがおいしくいただけます。ずっしり重みがあるものは水分を多く保有していてみずみずしい証拠です。

葉

傷があったりしなびていたりせず、目に鮮やかな緑で、ハリがあるものが新鮮です。黄色になりかけているものはすでに劣化がはじまっています。

調理方法

葉はさっと茹でて菜飯やふりかけに、上部はシャキッとした食感を生かしたサラダに、真ん中はブリ大根などの煮物に向いています。

断面

カットしてある大根を買う場合、断面はキメが細かくて、すが入っていないものが新鮮です。

上部はサラダ、中央部は煮物先は薬味と使い分けて

大根は、葉に近い上の部分は甘くてややかため、真ん中はみずみずしくやわらかく、先端にいくほど辛みが増します。部位によって特徴が異なるので使い分けてムダなく食べきりましょう。葉に近い部分はサラダに最適です。真ん中はほどよく甘く、たっぷり水分を含んでいるのでおでんやふろふき大根などの煮物に、辛みのある先端部分は薬味向きです。

消化を助ける酵素を含むことでも注目したい大根。例えばサンマと大根おろしの組み合わせは理にかなっています。脂の多いサンマは胃への負担が大きいので、大根おろしと一緒に食べることで、消化を促進して胃もたれ防止になるからです。

大根❶

大根飯

つくり方

1 米は土鍋で炊く。
2 大根は1cm角に、せりは1cmの長さの小口切りにする。
3 フライパンにサラダ油をひき、大根をひとつのせて中火で焼く。焼き色がついたら残りの大根を加え、表面に焼き色をつける。
4 大根の２～３面に軽く焼き色がついたら重量をはかり、１％分の塩をふって和える。
5 炊き上がった１のごはんに４の大根を混ぜてから蒸らす。
6 蒸らし終わったらせりを加えて混ぜ、茶わんに盛る。

Point!

３で大根を焼く際は、焼き目をつけることがポイント。大根の甘みが増して香ばしくなります。

Point!

５の工程は、炊飯器で炊く場合は蒸らしまでが１工程となっているので、米の炊き上がりとともに大根を入れて、10分ほどおいてなじませます。

材料（米2合分）調理器具：フライパン直径 20cm

米……2合
大根……200g
　塩……大根を焼いた重量の1％（1.8g）
サラダ油……適量
せり……20g

Change

同じ根菜類で比較的似ているかぶを大根と置き換えてもおいしくつくれます。

memo

葉の部分は塩もみをして、大根やせりと一緒に混ぜると、葉の風味も生きておいしい大根飯になります。

大根②
大根とにんじんのなます

つくり方

1 大根とにんじんは皮をむき、3㎜程度の棒状に切る。ゆずの皮は細切りにする。
2 大根、にんじんを計量し、重量の1.2%の塩、砂糖、米酢を加えて軽く和えて、フライパンに入れる。
3 2を中火にかけて音がしてきたら弱火に落とす。混ぜながら3分加熱する。1のゆずの皮を合わせる。
4 ボウルに3を移して冷やしたら皿に盛る。

Point!

1の大根とにんじんを棒状に切るときは、スライサーを使ってもOK。ただし93ページのキャロット ラペで使うような断面に凹凸ができるラペだと水分が出てしまうので注意が必要です。

材料（1人分） 調理器具：フライパン直径18㎝

大根	40g
にんじん	10g
塩	重量の1.2%（0.6g）
砂糖	1.8g
米酢	6g
ゆずの皮	5g

Change

大根やにんじんは、パプリカやもやし、セロリに置き換えてもおいしくいただけます。

大根❸

焼き大根とタプナードのミルフィーユ

つくり方

1 大根は5mm幅の輪切りにし、セルクルで型抜きをする。

2 フライパンにサラダ油をひき、大根をのせて弱火で焼く。

3 大根に火が通ったら塩と砂糖をふって少し火を強めて焼き色をつける。

4 タプナードソースをつくる。玉ねぎ、にんにく、オリーブ、アンチョビはみじん切りに、トマトは5mm角に、バジルの葉は細切りにする。

5 鍋にオリーブオイルをひき、玉ねぎとにんにくを入れて弱火〜弱い中火で炒める。

6 音がしはじめてから1分炒め、オリーブとトマトを加えて弱火で水分が出なくなるまで3〜5分炒める。

7 6を計量し、ボウルに入れて1%の塩とバジル、アンチョビを加えてよく混ぜ合わせ、ミキサーにかける。

8 皿に3の大根と7のタプナードソースを、適量ずつ交互に盛りつける。

材料（2人分） 調理器具：大根のフライパン直径28cm　タプナードの鍋直径10cm

（5cmセルクル10枚分）

大根……40g

塩……1g

砂糖……15g

タプナードソース

玉ねぎ……30g

にんにく……5g

黒オリーブ（水煮）……20g

アンチョビ……5g（小1本）

トマト……80g

バジルの葉……3〜5g

塩……炒めた玉ねぎとオリーブとトマトの合計重量の1%

オリーブオイル……10g

サラダ油……適量

栄養満点！　元気の源

ほうれん草

栄養価が高いことでも有名なほうれん草は、冬になると甘みを増し、いっそうおいしくなります。おひたしやソテーなどの定番から、最近ではスムージーなどにも欠かせない野菜です。

茎

適度な太さとハリがあるものほど鮮度が高い証拠です。しんなりしていたり、か細い茎であったりするものは、高い栄養価を期待できません。

葉

葉野菜は鮮度が命なので、みずみずしくハリがあって色濃く、葉肉の厚いものが新鮮。しおれていたり黒ずんでいたりするものは避けます。

根

根元には独特の甘みがあるので切らずに、丁寧に洗って使います。

調理方法

葉はさっと茹でて菜飯やカキやベーコンなどうま味の強いものとソテーにしたり、鍋の具にしたりと使い方はさまざま。アクが気になる場合は茹でたら水にさらします。

欠点は足が早いこと 栄養価を保つ保存方法を

ほうれん草といえば、ポパイの漫画でもおなじみで、パワーの源であり、栄養価の高い野菜のイメージがあります。

鉄、葉酸、カルシウム、ビタミンC、カロテンなどが主な栄養成分で、緑黄色野菜のなかでは群を抜いて多く含んでいます。風邪予防や貧血予防に効果的であるといわれています。

ただし日もちがしないので、保存に工夫が必要。買ったときは元気な葉でも、時間とともに水分が奪われてしまい、すぐにしなびてしまいます。買ってすぐに使わない場合は茹でて冷凍しておくのも手。ただし茹ですぎると風味も栄養価も落ちるので、さっとゆがく程度にしましょう。

ほうれん草❶

ほうれん草のグラタン

つくり方

1 ほうれん草は5㎝の長さのざく切りに、にんにくはみじん切りにする。
2 フライパンにバターとにんにくを入れて弱火にかけ、香りが出てきたらほうれん草と塩を加えて炒める。ほうれん草がしんなりしてきたらこしょうを加える。
3 生クリームを加えて1分煮る。
4 グラタン皿に盛り、チーズとパン粉をかけてグリルやオーブントースターで表面に焦げ目がつくまで焼く。

材料（2人分）調理器具：フライパン直径18㎝

ほうれん草	80g
にんにく	2g
バター（食塩不使用）	10g
塩	0.6g
こしょう	適量
生クリーム	40g
溶けるチーズ	30g
パン粉	5g

Change

ほうれん草はほかの葉物野菜に置き換えられます。小松菜、水菜などがおすすめです。

ほうれん草❷

ほうれん草のフラン

つくり方

1 アパレイユをつくる。ほうれん草と玉ねぎはみじん切りにする。

2 鍋に玉ねぎを入れて弱火にかけ、音がしてからさらに3分炒める。

3 ほうれん草を加えて弱火で4分炒める。

4 牛乳と生クリームを加え、中火にして沸騰しはじめてから3分煮る。

5 4をミキサーにかける。

6 ボウルに卵を割り入れ、溶きほぐして5を加える。混ぜたら漉して、重量の0.8%の塩をする。

7 ココットの内側にバター（分量外）をぬり、6を入れる。

8 バットに80℃の湯を張り、7を入れてアルミホイルで蓋をする。160℃のオーブンで20分加熱する。中まで火が通ったらオーブンの中に10分おく。

9 トマトソースをつくる。玉ねぎとにんにくはみじん切りに、トマトは5㎜角に切る。

10 フライパンに玉ねぎとにんにくを入れてオリーブオイルをまわしかけ、弱火で5分炒める。

11 トマトを加えて煮崩れるまで煮て重量の1%の塩をする。

12 8に11のトマトソースをのせ、黒こしょうを散らす。

材料（2人分）調理器具：鍋直径15㎝

アパレイユ

ほうれん草……50g
玉ねぎ……40g
牛乳……70g
生クリーム……20g
卵……80g
　塩……アパレイユ重量の0.8%（2.2g）

トマトソース

玉ねぎ……30g
にんにく……2g
トマト……50g
塩……重量の1%
オリーブオイル……適量
粗びき黒こしょう……適量

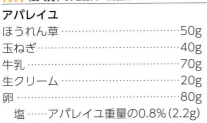

ほうれん草③

ほうれん草と桜エビのガレット

材料（2人分）調理器具：ガレットのフライパン直径 28㎝　ソテーのフライパン直径 20㎝

ガレット生地　（1枚分）		ほうれん草のソテー	
そば粉	25g	ほうれん草	30g
薄力粉	5g	玉ねぎ	30g
塩	0.8g	にんにく	2g
砂糖	1g	バター（食塩不使用）	10g
卵	15g	桜エビ	15g
牛乳	25g	塩	0.5g
水	40g	こしょう	適量
サラダ油	3g	卵	50g（約1個分）
バター（食塩不使用）	5g	パプリカパウダー	適量

つくり方

1 ガレット生地をつくる。ボウルにそば粉と薄力粉をふるって入れ、塩と砂糖を加えて泡立て器でしっかり混ぜる。

2 別のボウルに卵を割り入れて溶き、牛乳と水を加えて泡立て器でよく混ぜる。

3 1に2を少しずつ加えながら、均一になるようによく混ぜる。

4 サラダ油を加えて1〜2分、泡立て器で練るように混ぜ、常温で30分おく。

5 ほうれん草のソテーをつくる。ほうれん草は5㎝の長さのざく切りに、玉ねぎは5㎜幅の薄切りに、にんにくはみじん切りにする。

6 フライパンにバターと玉ねぎを入れて弱火で5分炒める。

7 にんにくを加えて1分炒めたら桜エビを加えてさらに1分炒める。

8 ほうれん草と塩を加えて炒めたらこしょうをふる。

9 ガレットを焼く。フライパンを強火で熱して 4 の生地を流し入れ、フライパンを大きくまわしながら生地を隅まで行き渡らせる。うっすら焦げ目がついたら裏返して20秒焼き、とり出す。

10 生地の内側に包丁の背で折り込みの筋をつける。

11 フライパンにバターを入れて中火にかけ、生地を戻し入れ、8 のほうれん草のソテーを生地に敷き詰める。真ん中に卵を落として蓋をする。

12 皿に盛りつけ、パプリカパウダーをふりかける。

子どもも大人も大好き！
ひき肉

ハンバーグや餃子《ギョーザ》など人気の定番メニューに欠かせないのがひき肉。種類は牛、豚、鶏および牛と豚の合いびきがあり、料理によって使い分けます。

牛ひき肉

うま味と弾力性があるのが特徴。ハンバーグやミートボール、コロッケ、ロールキャベツ、ミートソース、ミートローフなど洋風の料理に使うことが多い。

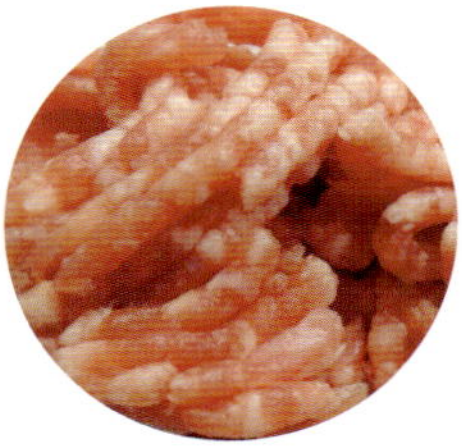

豚ひき肉

コクがあってどんな料理にも合います。中華料理に使うことが多く、肉団子、シューマイ、餃子、肉まんじゅう、麻婆豆腐などに向いています。

合いびき肉

牛肉と豚肉のいいところどりなので、オールマイティにどんな料理にも合います。牛と豚の割合が店によって異なるので、チェックして買いましょう。

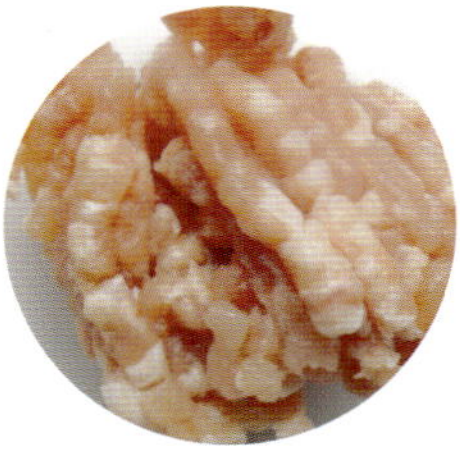

鶏ひき肉

あっさりした味わいが特徴。そぼろや肉団子、つくね、かぼちゃやかぶのそぼろあんなど和食によく使われます。

結着と臭み抜きの2つの作業でおいしくなる

肉ひき機で細かくひいたひき肉は、かたい筋繊維も細かくなっています。そのため口当たりのやわらかい料理になります。

ただし、細かい粒の形状であるためハンバーグや餃子、つくねのたねは、焼いているときにぼろぼろ崩れたり割れてしまったりすることも少なくありません。これは83ページで紹介しているひき肉の結着作業で防げます。

また脂が多い部分がひき肉になることが多いため、肉特有の脂の臭みが出ます。そぼろ状にして使う場合は25ページの要領で臭み抜きをすると格段においしくなります。しっかりと下処理をしましょう。

ひき肉❶

キーマカレー

つくり方

1 玉ねぎ、にんじん、セロリ、しょうが、にんにくはみじん切りにする。

2 フライパンに25ページの要領で臭み抜きをしたひき肉を入れ、弱火で赤みがなくなるまで炒める。

3 鍋にバルサミコ酢を入れて少しとろみがつくまで煮詰める。

4 日本酒を加えアルコールを飛ばし⅓量になるまで煮詰める。

5 2のひき肉に4を加えて弱火で水分がなくなるまで煮詰める。

6 別の鍋にサラダ油をひき、玉ねぎ、にんじん、セロリを弱火で7～8分炒める。

7 しょうがとにんにくを加えて香りが出るまで炒める。

8 火を止めて薄力粉、ガラムマサラとカレー粉を入れ5分おく。

9 トマトは粗くみじん切りにしてミキサーにかけ、5のひき肉とともに8に加える。塩、こしょう、砂糖、バジルを加えて弱火で5～7分煮る。

10 皿にバターライスを盛り、カレーをかける。

材料（2人分）調理器具：フライパン直径20cm　鍋直径20cm　バルサミコを煮詰める鍋直径10cm

豚ひき肉（合いびき肉でもよい）
……90g（25ページの要領で臭み抜きをする）
玉ねぎ……30g
にんじん……20g
セロリ……10g
しょうが……5g
にんにく……5g
薄力粉……3g
ガラムマサラ……4g
カレー粉……4g

バルサミコ酢……20g
日本酒……50g
塩……2g
こしょう……適量
砂糖……2g
トマト……100g
バジル……1枝
サラダ油……適量
水……30g（煮詰まりすぎたときに加える）
バターライス……1人分（95ページの要領でつくる）

ひき肉❷

ひき肉とかぼちゃのテリーヌ

つくり方

1 玉ねぎはみじん切りにする。かぼちゃは 5㎝角に切る。

2 フライパンに 25 ページの要領で臭み抜きをしたひき肉と玉ねぎを入れ、弱火で炒める。

3 別の鍋にバルサミコ酢を入れてとろみがつくまで煮詰めたら水を加える。

4 2 に 3 を加えて水分がなくなるまで煮詰める。

5 計量して 0.8% の塩とこしょう、ナツメグを加えて混ぜる。

6 アルミホイルにかぼちゃを包み、180℃のオーブンで 40 分焼く。

7 串が刺さるくらいまでやわらかくなったら皮をとり除いて計量する。0.8% の塩と砂糖をしてつぶす。

8 テリーヌ型にアルミホイルを敷いて 5 のひき肉と 7 のかぼちゃをランダムに入れて上からしっかり押さえ、均して冷やす。

9 ソースをつくる。鍋にバルサミコ酢を入れてとろみがつくまで煮たら生クリームと塩を加える。

10 8 を食べやすい大きさに切って皿に並べ、9 のソースをかけてセージを添え、お好みでこしょうをふる。

材料（横9.5㎝×縦9.5㎝×高さ5.5㎝のテリーヌ型1台分） 調理器具：ひき肉のフライパン直径 20㎝　ソース鍋直径10㎝

牛豚合いびき肉 …… 100g
玉ねぎ …… 30g
バルサミコ酢 …… 30g
水 …… 10g
塩 …… ひき肉、玉ねぎをバルサミコ酢と水で煮詰めた重量の0.8%（1g）
こしょう …… 適量

ナツメグ …… 1cc
かぼちゃ（皮つき） …… 300g
　塩 …… かぼちゃを加熱後皮をむいた重量の0.8%
　砂糖 …… かぼちゃが甘いときはしないか塩と同量、そうでないときは塩の2倍

ソース
　バルサミコ酢 …… 30g
　生クリーム …… 10g
　塩 …… 0.2g
セージ …… 適量
粗びき黒こしょう（お好みで） …… 適量

ひき肉③

かぶのそぼろあんかけ

つくり方

1 かぶは薄く皮をむき、4 等分にして面取りをする。

2 鍋にかぶとかぶが浸る程度の 1.5% の食塩水（分量外）を入れて中火にかける。沸騰してきたら弱火に落として串が通るまで茹でる。

3 フライパンに 25 ページの要領で臭み抜きをしたひき肉を入れ、赤みがなくなるまで火を通す。

4 日本酒を加えてアルコールを飛ばす。

5 塩、しょう油、砂糖を加えて煮溶かす。

6 わさびと水溶き片栗粉を加えてよく混ぜてフツフツとしてきたら火からおろす。

7 器に 2 のかぶを盛り、6 のあんをかけて刻みゆずをあしらう。

材料（1〜2人分）調理器具：鍋直径 15㎝　フライパン直径 18㎝

合いびき肉	70g	水溶き片栗粉	
かぶ	200g	片栗粉	3g
日本酒	70g	水	6g
しょう油	5g	わさび（すりおろし）	適量
塩	0.2g	ゆずの皮（刻む）	2g
砂糖	8g		

脂身と赤身のおいしさがダブルで味わえる 豚バラ肉

脂身を多く含むバラ肉は、ブロックや薄切り、骨つきスペアリブなどがスーパーに並びます。食べでがあっておいしく、満足感の高い素材です。

部位

豚の前足と後ろ足のあいだあたりのお腹部分です。人間と同様、脂肪が多い部分。骨つきバラ肉であるスペアリブは前足の上あたりです。

肉質

赤身と脂肪が層になっていてコクがあります。キメが粗いので、赤身部分はややかたさを感じることもあります。

調理方法

赤身と脂身が三層になっている三枚肉の部分は角煮やシチュー、酢豚に、骨つき部分のスペアリブは煮込みやバーベキューに、それぞれ最適です。

美容と健康によく さまざまな料理法が楽しめる

豚バラ肉は、やわらかく濃厚な味わいの脂身と、歯ごたえがありうま味が凝縮された赤身のふたつが楽しめるのが最大の特徴です。赤身と脂身が三層になっているため三枚肉ともいわれています。

ブロックなら角煮や焼き豚、薄切り肉ならしゃぶしゃぶや白菜との重ね煮、サムギョプサルに使われます。また、骨つきのスペアリブはバーベキューなどで人気です。うま味の強いベーコンやソーセージをつくるのもこの部位です。

脂身のぷるぷるした部分はコラーゲンで美肌にも効果が期待できます。また、ビタミンB群を多く含むので、疲労解消の手助けもしてくれます。

豚バラ肉❶

豚肉のビール煮

つくり方

1 豚肉は2～3㎝幅に、玉ねぎは繊維に沿って5㎜幅の薄切りに、マッシュルームは5～7㎜幅の薄切りにする。

2 鍋に玉ねぎとマッシュルームを入れ、サラダ油をまわしかけ弱い中火で炒める。

3 鍋の中の音が大きくなってきたら弱火にして10分炒める。

4 火を止めて、薄力粉を加えてよく混ぜ合わせ、5分放置する。

5 別のフライパンに豚肉を入れて全体に広げながら弱火で焼く。

6 肉全体に火が通ったら赤ワインビネガーを加えて3～4分、水分がなくなるまで煮詰める。

7 日本酒と砂糖を加えてアルコールを飛ばしたら弱火で3～5分煮詰める。

8 4を再び弱火にかけて1分炒めたらビールを加え、火を少し強めて5分煮る。

9 8に7の豚肉を加え、塩、こしょう、タイム、クローブを入れて、煮立った状態で10分煮込む。

10 皿に盛り、パセリを散らす。

材料（2人分） 調理器具：鍋直径15㎝　フライパン直径20㎝

豚バラ薄切り肉……200g
玉ねぎ……100g
マッシュルーム……60g（5～6個）
薄力粉……4g
赤ワインビネガー……10g
日本酒……60g
砂糖……10g
ビール……200g
塩……4g
こしょう……適量
タイム……3枝
クローブ……2本
パセリ（みじん切り）……適量
サラダ油……適量

豚バラ肉❷

豚バラ肉の冷しゃぶサラダ

つくり方

1 鍋に豚肉と豚肉が浸る程度の0.8% の食塩水（分量外）を入れて弱い中火にかけ、ゆっくり65℃まで温度を上げる。

2 火を止めて 3 分おいたら鍋からとり出して水気をきる。

3 三つ葉は 2㎝の長さに、みょうがは薄切りに、きゅうりは 3㎝の長さの千切りにする。

4 鍋に 3 と 3 が浸る程度の 0.8%の食塩水（分量外）を入れ、弱い中火で 55℃まで温度を上げたら湯ぎりをして水気をきる。

5 ボウルに **A** を入れて泡立て器で混ぜたら、温かいうちに 2 の豚肉と 4 の野菜を加えてよく和える。

6 大根おろしを加えてさらに和える。

7 皿に盛りつけたら完成。

材料（2人分） 調理器具：豚肉の鍋直径 18㎝　野菜の鍋直径 15㎝

豚バラ薄切り肉……………………100g
三つ葉……………………………………15g
みょうが ………………………………20g
きゅうり ………………………………30g
大根おろし…30g(軽く水気をきったもの)

A
塩……………………………………………1g
しょう油……………………………………5g
砂糖 ………………………………………6g
酢…………………………………………10g
オリーブオイル…………………………10g

豚バラ肉❸

チーズ詰めピーマンの豚バラ肉巻き

つくり方

1 ピーマンは縦半分に切り、種とヘタをとり除く。

2 鍋に水を入れて火にかけ、沸騰したらピーマンを入れて２分茹でる。

3 湯ぎりをしてピーマンの重量の0.8％の塩をしたらピーマンの中にチーズを詰める。

4 豚肉の片面に刷毛で、水で溶いた薄力粉をぬる。

5 3のピーマンを4の豚肉で巻く。

6 フライパンにサラダ油をひき、豚肉の巻きおわりを下にして並べ、弱火〜弱い中火で４〜５分焼く。

7 しょう油と砂糖を加えて煮絡め、豚肉に火が通ったら仕上げにこしょうをふる。

8 皿にサラダ菜を敷いて7を盛り、レモンを添える。

材料（2人分）調理器具：フライパン直径 20㎝

豚バラ薄切り肉	200g（約8枚）	しょう油	10g
ピーマン	120g（約4個）	砂糖	10g
塩	茹でピーマンの重量の0.8%	粗びき黒こしょう	適量
溶けるチーズ	80g	サラダ油	適量
薄力粉	20g	サラダ菜	2枚
水	30g	レモン（くし形切り）	⅙個

お弁当にふだんの食事にと料理の幅が広がる

鮭・サーモン

スーパーなどでは使いやすい切り身として売られていることの多い食材。生はもちろん、焼いたり煮たり、蒸したりと、あらゆる調理法に合います。

切り身

皮が銀色で切り口にツヤがあり、鮮やかなオレンジ色をした身のものが新鮮です。

保存方法

水気をしっかりふき取ってラップに包んで冷凍。または焼いて骨をとって、ほぐしてから冷凍してもOK。炒飯の具材などとしてもすぐに使えます。

鮭

鮭は日本に生息するサケ科の魚類の1種のみのことで正式には「シロザケ」といいます。スーパーで売っている多くがこの種類です。

紅鮭・サーモン

「シロザケ」とは違うサケ科の一種で、よく日本で食べられているのが「紅鮭」と「サーモン」。「紅鮭」は塩鮭や燻製に、「サーモン」は刺身や寿司ネタに使われています。

赤く見える白身魚 老化防止に力を発揮！

鮭の世界の漁獲量の3分の1は、実は日本で消費しています。日本人にとても愛されている、デイリーユースな食材です。

身の味自体は淡白で、味噌やしょう油、バターなどさまざまな調味料に合うのも魅力のひとつです。

鮭は、白身魚です。身が赤いのは、アスタキサンチンという栄養素を多く含んでいるからです。アスタキサンチンは、エビやカニが食べる藻に多く含まれており、そのエビやカニを鮭が食べて、身が赤くなります。

ビタミンAやB_2も豊富で、これらは抗酸化作用があることから、生活習慣病や動脈硬化の防止、ひいては老化予防にも最適です。

サーモン❶

サーモンとキャベツのホイル焼き

つくり方

1 キャベツは3㎝角に切る。いんげんはヘタを落とす。パセリはみじん切りにする。

2 鍋に1.5%の食塩水（分量外）を入れて沸騰させ、キャベツといんげんを2分茹でたら陸上げをして冷ます。

3 ボウルにバターを入れてゴムべらでポマード状にし、白味噌とパセリを加えて混ぜる。

4 サーモンに塩をふる。

5 アルミホイルを広げ、キャベツといんげんを置いてその上にサーモンをのせる。

6 サーモンに3をぬり、こしょうをしたらアルミホイルを閉じる。

7 180℃に予熱したオーブンで15～20分焼く。

8 サーモンに火が入ったらとり出して皿に盛る。

材料（1人分）調理器具：鍋直径15㎝

サーモンの切り身（皮なし）	80g
塩	0.7g
キャベツ	40g
さやいんげん	30g
パセリ	3g
白味噌	10g
バター（食塩不使用）	10g
こしょう	適量

Change

サーモンと同じ白身魚に置き換えられます。スズキやタイなどの切り身も手に入りやすいのでトライしてみましょう。野菜はもやしや玉ねぎなどを足してもおいしくいただけます。

サーモン❷

サーモンともやしのサラダ

つくり方

1 サーモンに重量の 0.8% の塩をふる。
2 フライパンにオリーブオイルをひき、サーモンを入れて弱火で焼く。
3 サーモンの半分の高さまで白っぽく色が変わったら反転させて全体が白っぽくなるまで焼く。
4 フライパンからサーモンをとり出し、身をほぐす。
5 鍋にもやしともやしが浸かる程度の 0.8% の食塩水（分量外）を入れて弱い中火にかけ、80℃まで温度を上げたら湯ぎりする。
6 せりは 2㎝の長さに切る。
7 ボウルにしょう油、砂糖、酢を入れて泡立て器で混ぜ、4 のサーモンと 5 のもやし、6 のせりを加えて和える。
8 すり鉢ですったごまを加えて和え、皿に盛りつける。

材料（2人分） 調理器具：サーモンのフライパン直径 18㎝　野菜の鍋直径 15㎝

サーモン	100g
塩	サーモンの重量の0.8%
もやし	60g
せり	20g
しょう油	10g
砂糖	8g
酢	8g
白ごま	10g
オリーブオイル	5g

memo

7 でサーモンともやしが温かいうちに調味料で和えると、味がなじみやすくなります。

サーモン③

サーモンとじゃがいもの甘酢あんかけ

つくり方

1 サーモンと皮をむいたじゃがいもは 1.5㎝角に切る。

2 サーモンは塩をしたら片栗粉で打ち粉する。

3 フライパンに水を 2㎝ほど入れて沸騰させる。沸騰したらじゃがいもを入れて 2 分茹でて湯ぎりする。

4 フライパンにサーモンとサーモンが浸かる程度のサラダ油を入れて弱い中火にかけ、60℃までゆっくり温度を上げたら一旦とり出しバットに上げる。

5 サラダ油の温度を 160℃まで上げてじゃがいもを入れて串が刺さる程度まで揚げたら強火にする。30 秒ほどでとり出して油をきり、塩をふる。

6 サーモンも同じ要領で高温の油で揚げておく。

7 フライパンに甘酢あんの材料を入れて混ぜながら中火で煮立たせる。

8 フツフツしてきたらサーモンとじゃがいもを入れさっと絡めて皿に盛り、小ねぎを散らす。

材料（2人分）調理器具：フライパン直径 20㎝

サーモン	100g
塩	サーモンの重量の0.8%
片栗粉（打ち粉）	適量
じゃがいも	120g
塩	0.8g
サラダ油	適量
甘酢あん	
水	20g
塩	0.4g
しょう油	4g
砂糖	20g
酢	25g
片栗粉	小さじ1
小ねぎ（小口切り）	適量

主役にも脇役にもなれる きのこ

加熱することで香りとうま味が引き立つきのこ類。主菜や副菜だけでなく、ソースやスープにも使えます。

しいたけ
かさの裏のひだがきれいで白く、傷ついていないものが新鮮です。また軸の部分はよく乾燥していて太く短いものがおすすめ。

まいたけ
かさの部分が肉厚で密集していて、触るとパリッと折れるようなかたさのあるものが新鮮です。

しめじ
かさが小ぶりで開いておらず、上から押さえたときにハリと弾力があるものがおいしさの証です。

マッシュルーム
かさの部分が締まっていてすべすべしているものがいい。ホワイトは淡白な味わいで生のままサラダに入れても OK。濃厚な香りのブラウンは炒め物や煮込みに最適。

うま味と香りの王様は どんな料理にもなじむ

肉厚で食べごたえのあるしいたけ、歯ごたえと独特な香りのまいたけ、うま味成分が豊富なしめじ、味わい豊かなマッシュルーム……きのこにはさまざまな種類があります。加熱するとうま味や香りが引き立ち、おいしさがパワーアップする家庭料理の強い味方です。

カロリーが低く、食物繊維やビタミン類が豊富なので、腸の働きを助けたり、免疫力をアップしたりするのにひと役買ってくれます。

ただし傷みやすいので買ったら早めに使いましょう。生しいたけの場合は干すと栄養価がアップします。晴れて乾燥した日は、1～2時間、外に干すのも長もちさせる手です。

きのこ❶

白身魚ときのこのデュクセル バジルソース添え

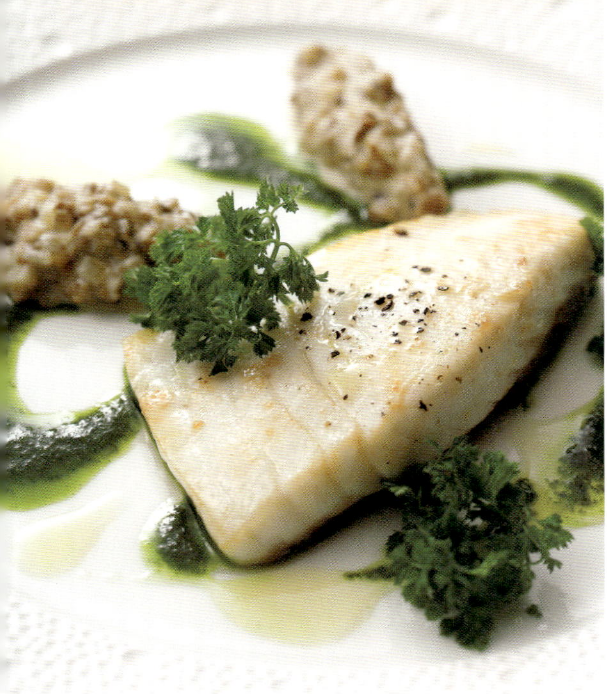

つくり方

1. デュクセルソースをつくる。野菜類はみじん切りにする。
2. フライパンにオリーブオイルと玉ねぎ、にんにくを入れて弱火で2～3分炒める。
3. きのこ類を加えて水分がなくなるまで炒めたら、炒めたきのこの重量の1%の塩とこしょうをふる。
4. 生クリームと塩を加えてひと煮立ちさせる。
5. バジルソースをつくる。バジルの葉は沸騰した湯の中で湯通しをしたら水にとり粗熱をとる。
6. バジルの葉を絞り、オリーブオイルと一緒にミキサーにかける。
7. 白身魚に塩をふる。
8. フライパンにオリーブオイルと白身魚を入れて弱火で焼く。半分の高さまで焼けたら反転させて焼く。
9. 火が通ったらこしょうをふる。
10. 皿に6のバジルソースを流し、白身魚をのせて4のデュクセルソースを添え、お好みでハーブをあしらう。

材料（2人分）調理器具：デュクセルソースのフライパン直径18cm　魚のフライパン直径20cm

デュクセルソース

- マッシュルーム、しいたけ……合計100g
- 玉ねぎ……30g
- にんにく……5g
  - 塩……炒めたきのこの重量の1%
- こしょう……適量
- 生クリーム……40g
  - 塩……0.2g
- オリーブオイル……適量

バジルソース（6人分）

- バジルの葉……10枚
- オリーブオイル……30g

白身魚（タイ、スズキ、イサキなど）の切り身……80g×2切れ ※写真はタイを使用

- 塩……1.3g
- こしょう……適量
- オリーブオイル……適量

ハーブ（お好みで）……適量

きのこ❷

きのこのマリネ

材料（2人分） 調理器具：フライパン直径 22㎝

きのこ類（しいたけ、しめじ、えのき、マッシュルーム、エリンギなど）………合計180g
セロリ………30g
にんにく………3g
パセリ………3g
　塩………炒めた野菜の重量の1%
　砂糖………塩と同量
ワインビネガー………塩の3倍
こしょう………適量
オリーブオイル………30g

つくり方

1 きのこ類は食べやすい大きさに切る。セロリは 4㎜幅の薄切りに、にんにくとパセリはみじん切りにする。
2 フライパンにきのこ類とセロリを入れてオリーブオイルをまわしかけ、よく絡めてから弱火で 7 ～ 10 分炒める。
3 にんにくをフライパンのあいたところに入れて、全体を混ぜながら炒める。
4 3 を計量し、ボウルに入れて重量の 1% の塩、砂糖、その 3 倍のワインビネガーとこしょうを加えてよく混ぜる。
5 4 をフライパンに戻し入れて、強火で 20 秒ほどあおったらパセリを散らす。
6 皿に盛りつける。

きのこ❸

マッシュルームのアヒージョ

つくり方

1 マッシュルームは大きければ半割りか四つ割りにしてボウルに入れ、重量の 0.8 ～ 1% の塩をふる。にんにくはつぶし、鷹の爪は種をとり除く。アンチョビは細かく切る。

2 フライパンにマッシュームとにんにく、鷹の爪、アンチョビ、ローリエとこれらが浸かる程度のオリーブオイルを入れて中火にかける。

3 オリーブオイルから泡が出てフツフツしてきたら弱火に落として 4 ～ 5 分加熱する。

4 皿に盛りつける。

Point!

3 の工程で火を入れすぎると、マッシュルームが縮んでしまいます。フライパンの温度の上がり方をオリーブオイルから出る泡を見ながら適切に判断することが重要です。

材料（2人分）調理器具：フライパン直径 18㎝

マッシュルーム……………………100g
　塩……マッシュルームの重量の0.8～1%
にんにく……………………………1かけ
鷹の爪………………………………1本
アンチョビ…………………………5g
ローリエ……………………………1枚
オリーブオイル……………………適量

memo

冷やしても温かいままでもおいしくいただける料理です。おもてなしなら前日につくりおきができます。温かい状態ならバゲットにのせて食べるのもおすすめです。

水島弘史（みずしま　ひろし）

1967年福岡県生まれ。大阪あべの辻調理師専門学校卒業。同校フランス校卒業後「ジョルジュ・ブラン」で研修を受け、帰国後、東京恵比寿「ラブレー」に勤務。1994年より3年間シェフを務める。2000年7月、恵比寿にフレンチレストラン「サントゥール」を開店。のちに「エムズキッチンサントゥール」として2009年まで営業。2010年、麻布十番に場所を移し料理教室を主宰、運営、現在に至る。科学的理論を取り入れた独自の調理理論には多くのファンがおり、テレビなどでも引っ張りだこに。主な著書に『野菜いためは弱火でつくりなさい』『家庭の煮物に「ダシ」はいりません』（ともに青春出版社）、『水島シェフのロジカルクッキング』（亜紀書房）、『水島シェフのロジカルクッキング2』（dZERO）、『だまされたと思って試してほしい 料理の新常識』（宝島社）、『弱火コントロールで絶対失敗しない料理』『量 時間 温度 はかるだけで絶対失敗しないおもてなし料理』（ともに小社）などがある。

装丁　石川直美（カメガイ デザイン オフィス）
料理撮影　玉井幹郎
料理アシスタント　森 千洋
本文デザイン　佐野裕美子
執筆協力　峯澤美絵
編集協力　佐藤友美（ヴュー企画）
編集　鈴木恵美（幻冬舎）

100%下ごしらえで絶対失敗しない定番料理

2017年10月10日　第1刷発行

著　者　水島弘史
発行人　見城 徹

発行所　株式会社 幻冬舎
〒151-0051　東京都渋谷区千駄ヶ谷4-9-7
電話　03-5411-6211（編集）　03-5411-6222（営業）
振替　00120-8-767643
印刷・製本所　図書印刷株式会社

GENTOSHA

検印廃止

ISBN978-4-344-03190-6 C0077
Printed in Japan
幻冬舎ホームページアドレス　http://www.gentosha.co.jp/
この本に関するご意見・ご感想をメールでお寄せいただく場合は、comment@gentosha.co.jp まで。